아파트
살
돈으로
건물주
되기

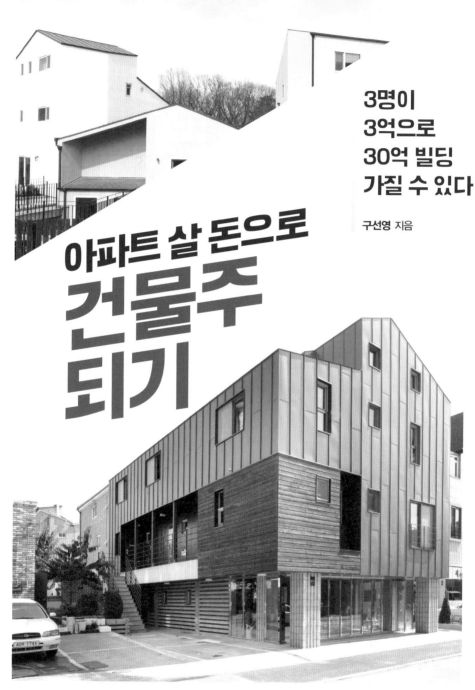

3명이
3억으로
30억 빌딩
가질 수 있다

구선영 지음

아파트 살 돈으로
건물주
되기

위즈덤하우스

건물주 되기,
언제까지 꿈만 꿀 건가요?

"나의 꿈 건물주 되기"

이 책은 건물주를 꿈꾸는 사람을 위한 책이다.

"그런데 나는 돈이 없다!"

더 정확히 말하면 건물주가 되고 싶은데 돈이 없는 사람을 위한 책이다.

건축 관련 잡지에서 오랫동안 기자 생활을 하다 보니 종종 건축 관련 강의를 하곤 한다. 그곳에는 다양한 예비건축주가 있었다. 이미 땅을 마련했거나 자금을 준비한 상태에서 공부하러 온 50~60대 예비 건축주에게는 여유로움이 느껴진다. 가장 중요한 땅과 자금이 있기 때문이다. 토지만 있다면 건물을 지어 전세보증금과 월세를 받아 투자금을 회수할 수 있다. 건물을 잘 지으면 땅 가치도 상승한다.

그런데 강의실 한편에는 땅을 구할 여력이 없는 30대 예비 건축주도 있다. 실탄은 없지만 꿈은 가득한 사람들이다.

"땅은 마련했나요?"

"아니오. 지금은 가진 게 없지만 언젠가는 건물주가 되고 싶어서 미리 준비하고 있어요."

건물주가 되겠다는 이 젊은이의 꿈은 언제쯤 실현할 수 있을까?

이런 젊은이를 만날 때면 2003년 인터뷰한 《나의 꿈 10억 만들기》의 저자가 떠오른다. 그는 10억 원을 모으기 위해서는 3개의 관문을 통과해야 한다고 말했다. 1차 관문은 종잣돈 마련, 2차 관문은 내 집 마련, 3차 관문은 투자라고 말이다. 실제로 그는 여러 차례 집을 팔고 옮기면서 재산을 늘렸다. 근면절약가인데다 지금도 왕성하게 활동하는 재테크 전략가인 그가 여전히 기억에 남는다.

문제는 15년이 지난 오늘의 부동산 시장이다. 지금은 내 집 마련을 통해 부를 증식할 수 있을 만큼 주택가격 상승폭이 크지 않다. 주택시장은 철저하게 양극화되어 오르는 아파트만 오르고, 오르는 지역만 오른다. 거기다 진입 문턱까지 높아졌다. 이미 오를 대로 오른 집값 때문에 내 집 마련의 관문으로 들어서는데 필요한 종잣돈이 크게 뛴 것이다.

우리는 도시에서 내 살 집을 마련하는 것조차 어려운 시절에 와 있다. 하물며 수십 억대에 이르는 건물의 주인이 되기는 더 요원해 보인다.

"언제까지 돈 없다고 가만히 있을 수는 없잖아요. 혼자 안 되면 둘이, 둘이 안 되면 셋이서라도 해야죠."

어느 날 정신이 확 깨는 전화 한 통을 받았다. 평소 알고 지내던 건축가였다. 자신을 비롯해 2명의 친구, 그러니까 3명이 3억 원씩 투자해서 30억 원대 강남 빌딩을 매입했다는 소식을 전해왔다.

그는 건물주 되는 시기를 앞당길 방법으로 '333 프로젝트'를 제안했다. '3명이 3억 원으로 30억 원대 건물주 되기 프로젝트', 즉 부동산을 공동투자 하는 게 요점이다.

그러더니 나를 새로운 333 프로젝트에 끌어들였다. 직접 경험해보는 것이 백번 듣는 것보다 낫다는 이유에서였다. 소액을 들고 참여한 나는 수개월째 그를 쫓아다니며 공동투자를 통한 미니 부동산 개발 과정을 경험하고 있다.

그의 말이 옳았다. 혼자서는 접근조차 하지 못할 건물이었는데 함께 투자하니 가능했다. 결국 그가 보여주는 공동투자 노하우, 나의 경험과 지식 등을 버무려 모든 노하우를 공개하기로 마음먹었다.

그런데 지인들에게 부동산 공동투자에 대한 책을 쓴다고 하니 반응이 별로다.

"공동투자는 안 좋다던데…"

"어떤 점이 안 좋은데?"

"좀 위험하지 않나?"

"어떤 점이 위험한데?"

내가 만난 지인들은 공동투자를 꺼렸다. 우선 부동산 소유자란에 나 아닌 다른 사람과 함께 이름을 올리는 걸 탐탁하지 않아 한다. 그리고 뭔가 꺼림칙하다, 상대를 어떻게 믿냐, 나중에 재산권 행사하기가 힘들지 않겠냐는 이야기를 한다. 이 책의 독자 역시 이들과 같은 걱정을 할 듯하다.

그러나 나는 오히려 이렇게 말하고 싶다. 부자는 공동투자를 흔하게 한다는 사실을 아냐고.

333 프로젝트는 전혀 새로운 부동산 재테크 방법이 아니다. 나에게 333 프로젝트를 알린 건축가는 이 방법을 빌딩 부자들에게서 배웠다. 그는 수많은 빌딩을 설계하는 과정에서 부자를 만났고 그들이 어떻게 투자하는지를 유심히 살펴보며 자기 것으로 만들었다.

다음의 내용은 부자들의 부동산 재테크 10계명 정도로 부르면 될 듯싶다.

첫째, 부자는 혼자 투자하지 않는다. 함께 투자한다. 리스크를 나누기 위해서다. 부자일수록 리스크를 철저하게 관리한다.

둘째, 부자는 월세를 내느니 이자를 낸다. 남에게 월세를 내지 않고 자기 부동산에 투자한다는 얘기다.

셋째, 부자는 전세로 살지 않는다. 내 집 소유가 기본이다. 집값 등락에 상관없이 전세금은 보존되어 손실 없이 안전해 보이지만 이득도 없다는 게 그들의 지론이다.

넷째, 부자는 돈이 있어도 대출을 받아서 투자한다. 융자를 적절히 활용하는 데 전혀 거리낌이 없다. 대출이자보다 높은 수익을 올리면 되기 때문이다. 실투자금이 작을수록 매력적인 상품으로 본다. 따라서 신용관리에도 늘 신경을 쓴다.

다섯째, 부자는 스스로 시장을 만든다. 자신의 투자에 확신이 서면 과감하게 시도한다. 유행을 쫓기보다는 유행을 앞서 나간다.

여섯째, 부자는 부지런히 발품을 판다. 남의 말에 의존하지 않고, 모든 사항은 직접 확인한다. 자신의 판단에 책임을 지기 위해서다.

일곱째, 부자는 실패를 두려워하지 않는다. 투자 물건을 탐색하고 분석하는 게 그들의 일상이다. 기회가 다가오면 절대 놓치지 않는다.

여덟째, 부자는 돈이 되는 정보에 귀를 쫑긋 열어놓는다. 다양한 경로로 정보를 수집해 자신의 투자결정이 맞는지 늘 점검한다.

아홉째, 부자는 함께 투자할 수 있는 친구를 사귄다. 부자가 생각하는 친구는 일반인이 생각하는 친구와 다르다. 공동투자를 할 수 있는 동업자로서의 친구다.

열 번째, 부자는 상승가치가 있는 지역에 투자한다. 일명 '핫한' 지역이다. 투자금이 크더라도 가치상승이 확실한 곳을 선호한다. 이런 경우 공동투자방식이 유용하게 쓰인다.

이 10가지 내용을 요약하면 "부자는 부동산 재테크가 일상화되어 있으며 위험을 낮추는 공동투자법을 즐기며 기회가 오면 놓치지 않는다."로 정리할 수 있다.

이 책 곳곳에는 부자의 부동산 투자 노하우와 공동투자 실전에서 펼쳐진 이야기가 함께 어우러져 있다.

제1부는 3명이 3억 원으로 30억 원대 강남 빌딩 매입기다. 제2부에는 직접 참여한 333 프로젝트의 과정을 그대로 담았다. 제3부에서는 일반인이 공동투자를 어떻게 준비하고 전개해나가야 하는지 준비물과 주의할 점을 안내한다. 제4부에는 공동투자의 다양한 사례를 사진과 함께 소개했다.

이 책을 읽는 동안 머릿속에 공동투자의 과정이 생생히 그려지도록 노력했다. 이론으로만 무장한 채 실전에서는 처참히 깨지는 일이 없기를 바라는 마음에서였다.

또한 이 책은 '나는 흙수저다', '나는 돈이 없다'는 식의 자기 합리화를 용납하지 않는다는 점을 미리 말해둔다. '누구나 건물주 되기'를 응원하며 미사여구 없이 부족한 점까지도 드러내며 적나라하게 적은 이유다.

이 책이 나오기까지 건축가 H 소장의 공로가 크다. 그가 오랜 시간 직접 몸을 던져 실행해온 다양한 333 프로젝트 실전 사례가 있었기에 출판이 가능했다. 전문가 중에는 자신의 진짜 노하우를 감추거나 자기의 영역 안으로 들어온 사람에게만 알려주는 경우도 있다. 그러나 H 소장은 적극 공유하고자 했다. 그는 스스로가 금수저니 흙수저니 태어나자마자 인생이 정해지는 이 사회에 질문을 던지며 돌파구를 찾아왔기 때문이다.

누구나 이 책과 함께한다면 건물주가 되는 꿈을 확실히 앞당길 수 있다고 믿는다. 다만 처음부터 배부른 부동산 재테크는 없다. 이 책을 만난 것을 계기로 한 계단씩 밟고 올라서면서 스스로 판단하고 투자할 수 있는 경지까지 도달하기 바란다.

2018년 3월

구선영

차례

3부 | 333 프로젝트 성공을 위한 핵심전략

제1부

3명이 3억 원으로
30억 원 강남 빌딩
건물주 되다

용인 단독주택을 떠나 강남 원룸에 짐을 풀다

　2016년 초, 건축가 H는 아내와 두 아이를 데리고 서울 서초구 반포동 서래마을에 입성했다. 그의 오랜 친구이자 이웃사촌인 K와 함께였다. 각각 구한 투룸과 원룸 월셋집에 짐을 풀었다. 4개월 후, 두 사람은 서래마을에서 찾은 30억 원대 빌딩의 주인이 됐다.

　당시 H의 소식을 접한 나는 어안이 벙벙했다.

　"진짜 33억 원이에요?"

　"그렇게 부자였어요? 몰라봤네요."

　"상속이라도 받았나요?", "혹시 로또 당첨?"

　돌아온 답은 "모두 아니다."였다.

　"그럼, 어떻게?"

　"333 프로젝트를 했어요."

"333 프로젝트요? 그게 뭐죠?"

나는 기자로, H는 건축가로 10년 전에 만났다. 무엇이든 직접 해봐야 직성이 풀리는 그는 매번 새로운 건축에 도전했고 그 모습이 신통해서 유심히 지켜봤다.

처음 만났을 때 그는 용인 죽전지구에 직접 설계한 2층짜리 컨테이너주택을 보여주며 모바일하우스라고 말했다. 모바일하우스에 대한 개념조차 생소했다.

"모바일하우스가 뭐예요?"

"들고 다니는 부동산(집)이에요."

이번엔 333 프로젝트가 뭐냐고 물을 차례다.

서래마을로 달려가서 확인한 그의 빌딩은 덩치가 꽤 나가는 다가구주택이었다. 1층에 큰 상가가 있고 2~4층에는 방 3개를 갖춘 일명 '쓰리룸'이 5가구나 있었다. 대지는 241m²(73평)이다.

"이 건물이 33억 원이에요?"

"네. 그 가격은 처음 매입가격이고 지금은 훨씬 더 비싸졌죠. 이 건물 사서 리모델링한 후 이 동네 집값이 뒤따라 올랐어요."

역시 강남이다. 241m²(73평) 땅에 앉은 건물이 30억 원대를 호령한다. 대로변에 떡 하니 자리 잡은 땅도 아니고 100m 남짓 안으로 들어가 있다. 그렇지만 상가와 주택에서 한 달에 1,450만 원의 월세가 나온다는 얘기를 듣고 나니 건물이 다시 보인다.

333 프로젝트의 결실.
3명이 3억 원씩 투자해 30억 원대의 건물주가 되었다.

"도대체 어떻게 된 일이에요?"

얼마 전까지만 해도 용인 땅콩집에 살던 그다. 현금이 넉넉한 것도 아니라고 했다.

"333 프로젝트를 했다니까요."

"자꾸 모를 말씀만 하시네. 333 프로젝트가 뭔데요?"

"실투자금 3억 원으로 30억 원짜리 강남 빌딩의 주인이 되는 프로젝트예요."

이건 또 무슨 사기꾼 같은 소리인가.

3억 원이면 서울 변두리 66㎡(20평대) 아파트 전셋값이다. 그 돈으로 어떻게 30억 원짜리 빌딩을 매입할 수 있단 말인가. 3억 원을 빼도 27억 원이 필요한데, 담보대출을 최대한 일으킨다고 해도 27억 원 대출은 말도 안 되는 소리다.

"할 수 있어요. 혼자 말고, 셋이 함께요. 3명이 3억 원씩 투자해서 30억 원짜리 빌딩을 얻는다는 의미로 333 프로젝트라고 이름 붙여 본 거예요."

"셋이서요?"

"네. 혼자서 할 수 없다면 둘이 함께, 둘이서 할 수 없다면 셋이라도 함께 해야죠."

H는 현재를 희생해서 돈을 번 후에 넓은 땅에 멋있는 주택을 지어 사랑하는 아내, 아이들과 함께 살겠다는 생각은 바보 같다고 단언했다. 옳고 그름을 떠나 H처럼 생각하는 사람들이 늘고 있는 것

만은 확실하다. 요즘 젊은 부부들은 아파트 전셋값을 들고 신도시나 인근의 단독주택 부지를 찾아다닌다.

2010년 화제가 된 땅콩집이 태어난 배경은 바로 이런 생각에서 비롯됐다. 두 친구가 땅값을 반반씩 내어 한 필지에 단독주택 2채를 나란히 짓고 살면서 땅콩집이라는 이름이 널리 회자됐다. 혼자서는 불가능했던 단독주택 입성이 둘이 힘을 합치니 가능해졌다. 전세보증금 3억 원으로 마당이 있는 단독주택 살기를 실현해 보이자 전국에 단독주택 짓기 열풍이 불었다.

"혼자는 어려우니 둘이 또는 셋이 도모해서 시간을 버는 게 중요하죠. 시간은 계속 흘러 사라지는데 나중에 하겠다는 것은 의미가 없어요."

그의 말에 동의하지만, 한편으론 둘이, 셋이 함께 가는 길은 안갯속을 뚫고 나가듯 모호하고 어려울 것 같았다. 그게 쉬운 길이라면 누구나 하지 왜 못하겠나 싶어서다. 그래서 더 궁금해졌다. 그는 왜 서래마을 원룸으로 이사했고, 새 빌딩에 입주하기까지 4개월간 무엇을 한 것일까. 어떻게 그는 33억 원짜리 빌딩을 단숨에 얻어낸 것일까. 그의 발자취를 따라가보기로 했다.

"3억 원으로 셋이서 33억 원 빌딩을 매입해서 입주하기까지, 모두 공개해주실 수 있어요? 너무 궁금해요."

"네. 좋아요. 저도 말하고 싶어요. 제발 혼자 하지 말고 같이 하라고요. 그렇게 하지 않으면 기회를 잡을 수 없으니까요."

친구 찾기,
이번엔 셋

"아이 교육 때문에 아무래도 서울로 가야 할 것 같아."

건축가 H와 옆집에 사는 K는 친구이자 오랜 이웃사촌이다. 두 가족은 2010년 경기도 용인의 한 신도시로 함께 주택을 짓고 이사 오면서 형제나 다름없이 지냈다. 흐른 세월 만큼이나 아이들도 훌쩍 자랐고, 마침 아들의 고등학교 진학을 앞두고 고민하던 이웃집 친구는 서울로 이사하겠다는 뜻을 내비쳤다.

서울로 간다면 어디로 가야 하나. 함께 따라나서기로 마음을 먹자 어디로 갈 것인가가 문제였다. 당시 친구가 선택한 곳이 서울 서초구 반포동에 위치한 서래마을이다. H는 서래마을에서 어린 시절을 보냈다. 언제 찾아가도 마음 편한 고향이나 다름없는 동네다. 또 학군이 나름 마음에 들어 마다할 이유가 없었다.

다만 살 집이 걱정이었다. 서래마을에서는 99m²(30평대) 허름한

22

빌라의 전셋값이 4억 원을 넘기 일쑤여서, 살고 있는 단독주택(시세 3억 5,000만 원)을 팔아도 전세금을 충당하기가 빠듯했다. 서래마을은 월세도 비싸서 150만 원은 주어야 방 3개짜리 집을 구할 수 있었다.

마당까지 갖춘 3층집 단독주택을 떠나 낡고 좁은 빌라에서 큰 비용을 내며 살아야 한다고 생각하니 심란하기만 했다.

"그럼 빌라 하나를 사서 고칠까? 깨끗하게 요즘 유행하는 풍으로 고치면 어떨까?"

"그러지 말고 한 동을 다 사서 1층에는 카페를 하고 2~3층은 월세를 주고 4층에 같이 살자. 어때?"

꿈을 꾸기 시작하니 금세 몰입이 됐던 모양이다. 두 가족은 돈도 없으면서 30억 원짜리 강남 빌딩이 자신들 것이라도 된 것처럼 굴었다.

"세입자가 월세를 안 내면 어떻게 하지? 소송을 하나? 안 나가면 어떻게 하지?"

꿈같은 얘기는 어느덧 구체화됐다. 그들의 사고가 어떻게 전개됐는지 그 과정을 엿보는 것도 재밌다.

• 1단계 : 바보 같은 생각하기

H : 너무 깊게 생각하면 아무것도 못해.

K(친구 1) : 그래도 30억 원짜리 빌딩을 어떻게 사?

H : 대출을 최대한 받아서 보증금을 끼고 사는 거야. 그러면 절반

은 대출해주겠지? 대출 15억 원, 그리고 임대보증금 6억 원이면 나머지 9억 원만 있으면 우리는 강남 빌딩 주인이 될 수 있어.

K : 간단하네. 우리가 각각 3억 원씩 6억 원을 현금화할 수 있으니까 3억 원만 더 만들면 되겠네.

• 2단계 : 바보 같은 생각, 간단하게 정리하기

K : 3억 원을 어디서 구해올 거야?

H : 글쎄. 돈을 빌리는 것보다 한 명 더 섭외하는 게 어때?

K : 그래 이번에는 셋이다. 둘이서 땅콩집 지은 것처럼, 셋이서 3억 원씩 9억 원으로 강남 빌딩 한번 사보자!

• 3단계 : 친구 후보 찾기

K : 누구 강남 빌딩에 투자할 친구 있어?

H : 찾아봐야지. 일단 서울에 살아야 해. 여윳돈이 좀 있으면서 부동산에 관심이 있는 친구를 찾으면 돼.

(친구 L에게 전화)

H : 여보세요? 강남에 빌딩 하나 사려고 하는데 너 관심 있어?

L(친구 2) : 관심 많지! 그런데 돈이 없지! 왜?

H : 3억 원이면 강남 빌딩 사는데, 어때?

L : 진짜? 어떻게?

H : 30억 원짜리 빌딩을 대출을 최대한 받아서 보증금 끼고 살

거야. 대출 15억 원, 보증금 6억 원, 나머지 9억 원이니까 셋이서 3억 원씩 내면 돼. 간단하지?

L : 괜찮네. 그런데 나 그 돈 없어. 당장 3억 원이 어디서 나와.

H : 지금 사는 집으로 대출받아. 이자는 빌딩에서 월세 나오는 걸로 충당하고. 어때?

L : 그래? 건물 봐 둔 것 있어?

H : 그럼. 내일 시간 내서 건물 보러 가자.

두 가족은 생각보다 쉽게 친구를 섭외했다. 매매물건을 결정하기도 전에 용인의 두 가족은 이사 준비를 시작하고 친구는 대출을 알아보기 위해 은행으로 향했다. 특히 용인의 두 가족은 학교 이전이 급하다. 3월 새학기에 맞춰 전학하기 위해 집을 팔고 이사했다.

살아봐야
동네가 보인다

"방 2개짜리 월세 있나요?"

서래마을 부동산을 찾았다. 건축가인 H는 옛날부터 부동산 나들이를 즐겨왔다. 이사 가는 동네나 프로젝트를 진행하는 동네에서는 부동산중개소 사장 1~2명씩은 꼭 사겨왔다.

이번에도 어김없이 나들이를 시작한다.

서래마을 투룸 월세는 보통 보증금 3,000만 원에 월세 120만 원이다. 하루 종일 다섯 집을 둘러봤는데 마음에 드는 집이 없다. 오래된 빌라는 이상한 냄새가 날 정도로 낡고 공간이 비효율적이었다.

"인테리어를 좀 하고 세입자를 구하면 월세도 더 받고 좋지 않나요?"

"고쳐봤자 월세 받는 게 한계가 있어요. 고친다고 120만 원 받던 걸 150만 원으로 올려 받지 못해요. 그냥 주인한테 잘 애기해줄 테니 115만 원에 계약하시죠?"

과연 그럴까? H의 생각은 다르다. 요즘 젊은 친구들은 돈을 더 주더라도 깨끗한 새 빌라를 찾는다.

발품을 팔았지만 마땅한 집을 못 찾아 두 가족은 115만 원에 1년 짜리 월세계약을 했다. 333 프로젝트가 길어질 수도 있으니 만약에 대비해서 넉넉하게 1년으로 계약한 것이다.

월셋집으로 이사한 H는 매일 퇴근길 부동산에 들렀다. 평소에도 넉살이 좋아 사람을 금세 사귀는 그에게 부동산중개소 사장들도 말문을 텄다.

"저기 길 건너 카페 보이지? 몇 개월 뒤에 문 닫을 것 같아?"

"글쎄요?"

"3개월."

"사장님, 왜요?"

사장님의 설명은 1시간이 모자라 저녁 술자리로 이어지고 결국 호형호제하는 사이로 발전했다.

H는 사실 건축가를 넘어 부동산 전문가나 다름없다. 건축가는 설계가 주종목인데, H는 설계와 함께 수익성 분석을 직접 해서 개발 프로그램을 결정한다. 결점이 많은 땅도 수익형 부동산으로 바꾸는 데 도가 튼 사람이다. 이번 333 프로젝트도 그간의 경험과 자신감이 뒷받침됐다.

그렇지만 아무리 잘난 부동산 전문가도 동네마다 다른 분위기를 일일이 알 수가 없다. 동네에서 오랫동안 일해온 부동산중개사보다 더 잘 알리 만무하다는 얘기다. 그가 부동산을 참새방앗간처럼 드나드는 이유다.

부동산중개소 사장의 예언대로 3개월 만에 길 건너 카페가 문을 닫았다. 안타깝지만 신기한 일이었다. 다시 사장을 찾아갔다.

"나도 이 동네에서 10년을 있어보니 알 수가 있더라고. 저 집은 누가 봐도 묽은 좋은데 월세가 너무 비싸. 아무리 좋은 자리도 월세가 지나치면 버티기가 어려워."

이런 내용은 부동산 전문가도 알려줄 수 없다. 가만히 지켜보니 그 상가는 금방 망하고 다시 들어오고 또 다시 망하고를 반복했다.

"원론적인 부동산 투자 원칙만 따라다니다가는 저렇게 되는 거죠. 프랜차이즈 본사에서는 여기 입지가 좋다고 추천하거든요. 동네 사정도 모른 채로 비싼 월세를 내더라도 장사 잘 되면 걱정 없다고 하면서 창업자들 등을 떠미는데, 실상은 그렇지가 못해요."

이렇게 하나씩 고급 정보를 섭렵하는 재미가 쌓여가는 사이 H의 눈에는 서래마을의 건물들이 새롭게 보이기 시작한다.

"왜 하필 서래마을이에요? 익숙한 동네여서?"

"그 이유만은 아니고요. 더 중요한 게 있어요."

H가 서래마을을 선택한 진짜 이유는 이곳은 고가의 월세시장이 정착되었기 때문이다. 상가나 빌딩, 투자용 주택을 운용하려면 안정적으로 월세를 받을 수 있어야 한다. 서래마을이 딱 그런 곳이다.

서래마을을 선택한 것은 강남 대치동 다음 가는 월세시장이기 때문이다.

서래마을은 행정상으로는 서울 서초구 반포4동과 방배동 일부에 걸쳐져 있다. 1985년 한남동에 있던 프랑스학교가 이곳으로 이사한 후 프랑스인이 속속 유입되면서 한국 속의 프랑스마을로 알려졌다.

프랑스풍 레스토랑과 노천카페, 와인전문점이 늘자 한국인도 자주 찾는 명소가 되었고, 연예인이나 유명인이 많이 살아 대중에게 더욱 친근한 마을이 되었다. 자연스럽게 상권이 활성화되어 상가 임대료가 높아졌다.

주거환경도 독특하다. 서리풀공원과 몽마르뜨공원이 병풍처럼

마을을 둘러싸니 아늑한 구릉지 형태가 되어 전망 좋은 집들이 적잖다. 단독주택과 크고 작은 다양한 빌라들이 섞여 있어 강남이지만 강북 같은 여유로움도 느낄 수 있다.

마을 가까이 백화점, 국립도서관, 대학병원 같은 대형 생활편의시설이 있다. 지하철 2, 3, 7, 9호선이 지나가는 지하철역도 가깝다.

한국 내 프랑스인의 절반가량이 서래마을에 산다고 할 정도로 외국인 거주 비율이 높고 학군 때문에 이주해 5~6년 정도 거주하다가 본가로 돌아가는 수요도 많다.

이런 저런 이유로 서래마을은 우리나라에서 고가 월세가 많다는 강남 대치동 다음 가는 월세시장으로도 꼽힌다. 방 3개짜리 노후 빌라들이 보증금 5,000만 원에 150만 원씩 월세를 받는다. 적은 가구에서 큰 월세가 나오고 월세 수요 또한 안정돼 있다.

"서래마을은 월세 시장도 크지만 지가 상승도 꾸준해요. 빌딩 투자에 더없이 좋은 조건이죠."

강남지역의 지가는 매년 꾸준히 상승하며 대한민국에서 선두를 달린 지 오래다. 서래마을 역시 주택 가격은 물론 토지 가격이 상승하면서 새로 짓는 빌라의 분양가격도 매년 높아지고 있다.

H는 이곳에서 상대적으로 저평가된 건물을 찾을 수 있다면 훗날 시세 차익도 기대할 수 있다는 판단이 섰다.

"부동산에 가서 가장 썩은 건물을 소개해달라고 했어요. 이미 개발되어서 월세 잘 나오고 매매하기 좋은 건물은 비싸기 때문에 우리가 살 수 없어요. 안 그래도 돈이 없는데 제값 다 주고 사는 건 안 될 말이죠. 내가 직접 개발해서 가치를 올리는 길밖에 없어요."

월셋집으로 이사한 후 본격적으로 후보지 물색에 나섰다. 서래마을의 부동산중개소와 해당 관청을 수소문하고 다니던 중 횡단보도 설치 계획을 알게 됐다.

횡단보도가 설치되는 지역은 서래마을에서도 저평가 지역이었다. 서래마을 건너편에 자리한 대규모 아파트 단지와 마을을 잇는 횡단보도가 설치되면 상가 이용 수요가 늘 것이 분명했다.

정말 횡단보도가 설치되니 골목길 분위기가 확연히 바뀌었다. 아파트 단지를 나와 200m 남짓만 곧장 걸으면 횡단보도를 건너 골목으로 유입된다. 상황이 한결 좋아졌으니 이제 건물만 찾으면 된다.

이사한 지 한 달이 지났지만 H와 그를 따라나선 K는 마땅한 건물을 찾지 못했다. 두 집 아내의 얼굴에는 지친 기색이 역력했다.

다행히 아이들은 신이 났다. 마치 콘도에 묵고 있는 여행객처럼 들떠 있다. 한 방에서 온 가족이 함께 잠들고 접이식 밥상에서 공부하는 게 재밌는 모양이다.

반대로 아내들의 얼굴은 점점 굳어간다.

"여보 조금만 참아. 우린 빌딩을 살 거야. 힘내, 파이팅!"

서래마을은 꽤 넓다. 하지만 선택지역은 벌써 정해져 있다. 횡단보도가 새로 설치된 지역이다. 그동안 횡단보도가 없어서 상권이 활발하지 않았지만 앞으로는 달라질 지역 말이다. 그곳에서 건물 후보 3개를 정했다. 3곳 모두 나름대로 장단점이 있다.

"건물 분석만 할 줄 알아도 부동산 전문가가 될 수 있어요."

H는 부동산중개소에 후보지 3곳 모두 매매를 검토하겠다고 얘기하고 건물수지분석에 들어갔다.

1, 2, 3순위 수지분석 최종정리

	1순위	2순위	3순위
건물규모	지하1층/지상4층	지하1층/지상3층	지상4층
매매금액	3,200,000,000	2,400,000,000	3,300,000,000
공사비	500,000,000	300,000,000	400,000,000
보증금	700,000,000	180,000,000	600,000,000
기타비용	200,000,000	150,000,000	200,000,000
총투자금액	3,200,000,000	2,670,000,000	3,300,000,000
대출	2,200,000,000	1,700,000,000	2,300,000,000
대출이자(3.5%)	92,400,000	71,400,000	96,600,000
실투자금액	1,000,000,000	970,000,000	1,000,000,000
월세	13,000,000	12,500,000	14,500,000
1년 월세	156,000,000	150,000,000	174,000,000
실투자 연수익율(%)	6.36	8.10	7.74

H의 빌딩 후보지 분석

• 1순위

32억 원 : 대지 271m²(82평). 지하 1층, 지상 4층, 건물 연면적 826m²(250평).

1, 2, 3순위 지도

땅도 크고 건물도 크다. 그에 비해 가격은 저렴하다. 지하가 넓어 임대하기 좋은 물건이다. 문제는 상권이 조금 떨어지는 지역이라 월세가 그리 높지 않다. 면적에 비해 시세가 저렴하다. 이런 단점을 극복하려면 본인이 직접 장사를 하면서 시간을 갖고 상권을 살리는 방법이 있다.

반대로 장점도 있다. 메인 상권에서 벗어나 있어 주거환경은 좋다. 조용하고 아늑하게 느껴지면서 마음이 끌린다. 건물을 볼 때는 현장에서 느끼는 감정도 중요하다. 고쳐놓고 위에 거주하면서 1층에서 카페를 한다면 장기적으로 투자하기에 좋은 건물이다.

사겠다고 하니 집주인이 36억 원으로 가격을 올렸다.

"다른 매수자가 나타났나? 한번 올려본 거겠지. 우리가 누군데, 이사까지 하고 물건을 물색하러 다니는 사람들인데."

우선 안 산다고 말하고 한발 물러났다. 그런데 며칠 뒤 36억 원에 팔렸다는 소식이 들려왔다.

• 2순위

24억 원 : 대지 171m²(52평), 반지하가 있는 3층 건물, 건물 연면적 363m²(110평)

연면적은 지하까지 다 해서 363m²(110평)으로 작은 건물이다. 건물이 작으면 리모델링 공사비도 저렴하다. 가격도 싸고 투자금액도 부담이 없다. 위치도 메인 상권에 있어 거의 완벽하다.

반지하 상가는 잘만 고치면 월세가 지금의 2배가 될 수 있다. 문제는 주거다. 1층에 삼겹살집이 영업중이어서 2층, 3층 주택에 입주를 꺼려한다. 임대를 채우지 못하고 비어 있는 상황이다. 2층과 3층을 상가로 바꾸는 방법이 있지만 상가 임대가 쉽지 않다. 사무실도 생각했지만 이 동네는 사무실이 점차 빠지는 분위기다.

"싸고 좋은데 주거환경이 안 좋은 게 아쉽네요. 방법이 없지는 않아요. 임대가 안 되면 우리가 들어가서 살면 되죠."

순간 두 아내의 안색이 차갑게 변한다.

'이 매물은 쉽지 않겠는 걸!'

• 3순위

34억 원 : 대지 241m²(73평), 지하 없는 지상 4층, 건물 연면적 644m²(195평)

1층의 가게도 넓고 위치도 메인상권은 아니지만 나쁘지 않다. 2, 3, 4층의 구조가 좋다. 내가 새로 지으면 이렇게 지어야지 할 정도로 공간이 잘 짜여 있다. 우리가 살기 딱 좋은 쓰리룸이 5가구나 된다.

1순위로 점찍었던 건물이 팔린 다음날이라 마음이 급하다. 그래도 서두르면 안 된다. 1억 원을 깎아달라고 했다.

"젊은 사람들이 장난을 치나?"

집주인이 불쾌한 기색을 보이고는 나가버린다.

부동산 사장님을 설득했다.

"무조건 이 건물 사기로 결정했어요. 중개료 더 드릴 테니 꼭 좀 성사시켜주세요."

1주일 뒤, 결국 1억 원을 깎아 33억 원에 매수하기로 한다.

23억 원 대출이
성사되기까지

드디어 3순위로 점찍은 빌딩을 사기로 결정했다. H와 이웃사촌 K, 또 다른 친구 L, 이렇게 3명이 공동투자자로 참여했다.

계약을 맺기 전 은행을 찾아갔다.

"이 건물, 대출이 얼마나 나올까요?"

"지금 시세로는 17억 원 나오겠네요."

"아, 그 금액으로는 부족한데요."

매수하려는 빌딩은 매매가만 33억 원이다. 여기에 취득세 1억 4,000만 원을 내려면 잔금을 치르는 날까지 모두 34억 4,000만 원이 필요하다.

잔금을 치른 후에도 돈이 필요하다. 리모델링 공사를 해야 하기 때문이다. 공사비는 넉넉잡아 4억 원을 책정했다.

그렇다면 38억 4,000만 원이 필요하다. 여기에 기타 제반비용을 고려하면 39억 원은 융통해야 한다.

공동투자자 세 사람이 내놓을 수 있는 돈은 3억 원씩, 총 9억 원이다. 나머지는 다른 방법으로 마련해야 한다.

이들이 목표한 대출금은 23억 원이다. 건물 매입가(33억 원)의 50%가 넘는다. 방 개수를 일일이 대출금에서 공제하는 다가구주택을 담보로 매매가의 50% 이상을 대출받기란 쉽지 않다. 23억 원을 대출받으려면 최소 45억 원짜리 건물로 가치를 인정받아야 한다.

사업계획서 요약

예상 총비용 : 38억 원(매입가 + 리모델링 비용 + 기타비용)

실투자비용 : 10억 원(각 3억 원 ~ 3억 5,000만 원씩 공동 투자)

은행담보대출 : 23억 원(원금분할상환)

이자상환액 : 월 630만 원(금리 3.3%)

원금상환액 : 월 700만 원

월세수입 : 월 1,450만 원(월세 1,450만 원 - 이자 630만 원 - 원금 700만 원 = 120만 원)

보증금 : 5억 원(상가 1채, 임대 5가구)

※ 10년에 10억 원 갚기 계획서를 은행에 제출

  (최종 대출은 11년 9개월간 10억 원 갚기로 결정)

※ 10년 후 지가 상승분 고려할 때 건물가치는 더 높음

서래마을 333 프로젝트의 공동투자자들은 열심히 사업계획서를
만들어 은행을 설득했다.

"아예 사업계획서를 만들어서 은행에 제출했어요. 은행 입장에서

리모델링 계획서-PT 자료 중

는 대출 액수가 아니라 많은 이자를 연체 없이 안전하게 받을 수 있느냐가 중요하니까요. 은행을 설득하려면 돈을 갚는 게 어떻게 가능한지를 사업계획서에 담아서 보여줘야 하죠."

그들은 건물의 가치를 45억 원으로 끌어올릴 수 있는 리모델링을 진행함으로써 이자와 함께 원금을 매달 갚아나는 방식(원금분할상환)으로 10년 동안 10억 원을 갚겠다는 계획서를 은행에 제출했다. 23억 원을 빌렸을 때 발생하는 월이자 630만 원과 함께 원금도 매달 일정액씩 상환한다는 것이다. 이자와 원금은 매달 들어오는 월세 1,450만 원으로 해결할 수 있다고 주장했다.

이렇게 이자와 원금을 갚아나가면 10년 뒤엔 10억 원을 갚을 수 있을 뿐만 아니라, 원금을 갚을수록 이자가 줄어들어 10년 뒤에는 이자가 절반으로 줄어든다. 물론 금리가 오르지 않는다는 전제 하에서다.

10년 사이 이자 부담은 줄지만 지가는 상승할 것이다. 이렇게 되면 은행 입장에서는 손해 볼 일이 전혀 없다.

"그런데, 원금 좀 깎아주세요. 10년 동안 10억 갚으려면 매달 원금을 833만원씩 상환해야 하는데, 너무 부담이 커요."

"그럼, 한 달에 원금은 700만원씩만 상환하세요."

결국 은행은 23억 원 대출을 승인했다.

원금 700만 원씩 갚아나가면 10억을 갚는데 11년 9개월이 걸린다. 그렇다 해도 원금상환액수를 줄여놓는 게 유리하다. 중간에 여러 변수가 생길 수 있기 때문이다.

리모델링 시작,
스스로 시장을 만들다

"10년 동안 공실 없이 월세를 받아야 이자와 대출금을 계획대로 갚을 수 있는 거잖아요. 그러자면 특단의 조치가 필요하죠. 바로 리모델링을 통한 월세 수입 늘리기예요."

리모델링 계획도 구체적으로 세워 프레젠테이션 자료를 만들어 사업계획서에 동봉했다.

"빌딩 수익률이 낮은 이유를 찾아서 개선하면 수익률을 극대화할 수 있어요."

H는 종합적으로 부동산을 분석하여 다음의 미션을 도출했다.

• 미션

33억 원 빌딩을 4억 원으로 리모델링해서 월세 1,450만 원짜리 빌딩 만들기 건물 전체에서 나오는 월세가 500만 원에 그쳐 매수자가 나타나지 않던 건물이다. 1층 상가 2곳에서 나오는 월세가 주축이 됐고, 주택은 대부분 전세로 임대 중이었다. 리모델링을 통해 월세 수입을 3배로 높이는 것이 목표다.

"빌딩부자들의 노하우가 뭔지 아세요? 보증금은 필요 없다, 월세를 많이 받는 게 중요하다는 거예요."

유명한 건축사무소에서 20~30대를 보내며 서울 시내에 수많은 빌딩을 리모델링한 경험을 차곡차곡 쌓은 그다. 대학로의 오래된 극장을 복합건물로 리모델링해서 수익률을 높이기도 했다. 주택뿐 아니라 상가, 문화공간 등 다채로운 상품을 리모델링한 경험 덕분에 다룰 수 있는 설계 폭도 넓다. 무엇보다 부자의 건물을 설계하면서 그들의 투자 노하우를 보아왔다.

"부자는 보증금 2억 원에 월세 50만 원보다는 보증금 5,000만 원에 월세 130만 원을 받을 수 있는 상품을 선택해요. 왜일까요? 보증금을 많이 받아서 은행에 넣어놔봤자 이자가 많이 나오지 않잖아요. 저금리 시대에는 그래요. 월세가 은행 이자보다 수익률이 높으니까 월세를 최대한 받으려는 거예요."

공사 전 건물 모습. 1층 상가가 주차장에 가려 잘 보이지 않는다.

실내 인테리어 공사 모습

현관 중문 공사 모습

창호 공사 모습

발코니 공사 모습

화장실 방수 공사 모습

월세 1,450만 원짜리 건물을 만들자는 미션에 따라 은행에서 제출한 리모델링 계획서에는 다음과 같은 내용이 담겼다.

리모델링 계획서

• 1층

횟집과 카페, 두 가게를 하나로 합치고 거리의 모습에 맞는 가게를 입점시킨다. 내·외부 공간을 리모델링한다.

• 2, 3층

전용면적 $66m^2$(20평)의 가구들은 거실이 작은 편이지만, 침실이 3개에 화장실이 2개라는 장점이 있다. 단점은 수납공간이 없고 노후되어 전체적으로 도배 및 장판을 다시 해야 한다. 숨어 있는 공간을 찾아서 $109m^2$(30평) 집으로 만드는 게 목표다. 쓰지 않던 베란다 공간을 확장하여 주방을 넓히고 식탁 공간을 마련하고 다용도실을 추가한다.

• 4층

꼭대기층으로 테라스가 $49m^2$(15평)이나 있다. 테라스를 근사하게 만들어서 누가 봐도 살고 싶은 집으로 만든다.

건물 1층에는 상가가 2개인데, 총 390만 원의 월세가 책정되어 있다.

안타깝게도 두 상가 모두 장사가 잘 되지 않아 월세가 밀려 있었다. 이미 상권이 죽어버린 두 집은 리모델링을 해서 장사를 재개해도 승산이 없어 보였다.

H는 리모델링 과정에서 2개로 나뉘어 있던 상가를 하나로 합치기로 했다. 상가는 모름지기 눈에 띄어야 한다. 입구가 좁고 뒤로 갈수록 긴 세장형 건물에서 상가를 쪼개놓으면 둘 다 죽는 꼴이 되기 쉽다. 하나로 합치고 전면과 측면을 모두 유리로 덮으면 1층이 훤해지고 멀리서도 잘 보인다.

2~4층에 배치된 주택 역시 수리가 불가피했다. 가구당 월세를 150~200만 원 가량 받으려면 리모델링이 필수다. 벽지와 바닥재, 조명은 물론, 세입자들이 가장 중요하게 보는 주방과 욕실을 고치고, 특히 숨은 공간을 확장해서 비좁았던 주방공간을 확보하고 다용도실을 쓸모 있게 만들었다.

외벽은 크게 손대지 않았지만 이미지를 완전히 탈바꿈시키는 데 성공했다. 1층 상가가 있는 상층부에만 목재를 덧대는 포인트 시공으로 멀리서도 건물 특징을 인지하고 찾아올 수 있도록 한 것이다. 외관을 바꾸니 골목길에 늘어선 카페들과도 잘 어울린다.

"상가가 커지니 유명 프랜차이즈 음식점이 계약을 하겠다고 찾아왔어요. 기존 300만 원 받던 상가 월세를 600만 원으로 조정, 서래마을 시세 수준으로 끌어올렸죠."

1층에 2개로 나뉘어 있던 상가를 하나로 합치고, 도로에서 잘 보이도록 조정했다.

외관 목재 마감공사 모습

리모델링 결과, 총 1,450만 원의 월세 수입이 발생했다. 결과적으로 리모델링 비용은 들었지만 월세 수입은 3배 가까이 늘어났다.

"시장은 내가 만드는 거예요. 만들어진 시장에 뛰어들려면 더 많이 투자해야 하거든요."

자금계획에 변수 발생!
그러나 극복하다

"형님 도와주세요. 2억 4,000만 원이 모자랍니다. 공사 끝나고 보증금 받으면 드릴게요."

17억 원밖에 되지 않는다는 대출을 23억 원까지 늘렸는데도, 리모델링을 진행하는데 부족한 자금이 생겼다. H는 부동산중개소 사장과의 친분을 이용해 단기자금을 끌어왔다.

H가 터무니없는 제안을 한 게 아니다. 부동산중개소 사장은 사실 마다할 이유가 없다. 한 달 남짓 후 건물 리모델링이 끝나면 부동산 중개소 사장이 월세를 놓으면서 빌린 돈을 회수하면 되기 때문이다. 또한 33억 원짜리 건물 계약이 성사되면 자신이 챙길 중개료도 두둑하다. 이후에 월세 놓는 것도 본인 몫이 될 테니 1석 2조다. 월 1부 이자를 주기로 하고 차용증을 썼다.

이제 끝났는가 싶었는데, 다른 데서 복병이 생겼다. 상가 세입자들은 권리금을 받아야 나갈 수 있다고 버텼다. 매입건물은 저평가되어 있는 데다 권리금이 형성될 정도로 활성화된 상권 지역도 아니어서 권리금이 있을 거라고는 생각하지 못했다. 또한 세입자 권리금은 기존 주인이 해결해야 하는 게 맞다. 그러나 기존 주인은 난색을 표했다. 결국 기존 주인과 50%씩 권리금을 부담하기로 하고 세입자를 내보냈다.

이렇게 예기치 못했던 명도 비용이 발생하면서 H는 또다시 돈을 꿔야 했다.

"형님 도와주세요. 어차피 2억 4,000만 원 빌렸으니 여기에 3,000만 원 더해서 2억 7,000만 원으로 합시다."

부동산중개소 사장에게 추가로 3,000만 원을 더 얹어서 꿔달라고 요청했다. 오히려 사장이 적극 도와준다고 나섰다. 상가임차인들과 합의가 안 돼서 계약이 성사되지 않으면 자신도 이득이 없기 때문이다.

은행에서 대출금 23억 원이 통장으로 들어왔다. 잔금까지 건네고 등기 이전도 마쳤다. 2개월에 걸친 리모델링 공사는 순조롭게 마감됐다. 비로소 세 친구는 강남 빌딩 주인이 되었다.

처음 서래마을로 이사해서 후보지를 고르고, 리모델링 공사를 통해 입주하기까지 딱 4개월이 걸렸다. 그 사이 주위 사람들로부터 '3억 원으로 30억 원 빌딩 주인이 된다고? 과연 가능하겠어?'라는 말을 수도 없이 들었다.

"사람들은 눈으로 봐야 믿죠. 리모델링 끝나면 그 가치는 바로 나타나요."

한방에 나타난 리모델링 효과는 골목길에도 영향을 미쳤다. 이웃 건물주들은 부동산에 내놓은 매물을 거둬들였다.

H가 건물을 최초 구입한 가격은 33억 원이다. 여기에 취득세와

리모델링 공사비, 상가 명도비, 중개비 등 제반비용을 더해 계산해 보니 총비용으로 39억 원이 들었다.

은행에 대출을 신청할 때 33억 원짜리 건물을 45억 원 의 가치를 지닌 건물로 탈바꿈시키겠다고 호언장담했던 그들이다. 실제로 건물이 완성되자 45억 원에 사겠다는 매수자가 나타났다. 불과 4개월 만에 건물가치가 33억 원에서 45억 원으로 뛴 것이다.

"두 분도 월세를 내며 사는 건가요?"

"두 가족은 입주해서 월세를 내요. 나머지 한 친구는 입주하지 않고 투자만 하고 지분을 가진 거죠."

매달 들어오는 1,450만 원 월세에는 주인인 두 가족이 내는 월세도 포함된다. 나머지 한 친구는 입주하지 않고 투자만 했으니 더 낼 돈이 없다.

"남의 집에서 월세 내고 살 바에는, 내 건물에서 월세를 내며 사는 게 낫다고 생각한 거죠. 남한테 주는 월세는 사라지는 돈이지만, 내 건물에 내는 월세는 투자하는 돈이 되니까요."

그들은 다가주택을 통째로 매입해서 자신도 입주하고 남도 입주시켜, 자신도 월세를 내고 임차인도 월세를 내며 사는 방식으로 건물주가 되었다. 이렇게 하면 기존에 살던 주택 매각 대금을 고스란히 건물 구입에 투자할 수 있게 된다.

그렇다고 해도 둘이 단독주택 매각 대금 3~4억 원을 합친 돈으로는 30억 원대 건물을 매입할 수 없었다. 서래마을 333 프로젝트는 또 다른 공동투자자를 찾지 못했다면 불가능했을 것이다.

30억 원대 건물주가 되는 일, 혼자서는 불가능했지만 셋이 함께 하니 가능해졌다.

"30억 원, 아니 40억 원대 건물 주인이 되니 어떤가요?"

"뿌듯하죠. 뭐든지 처음 한 번이 어렵지, 경험하고 나니 자신감이 생겨요. 도전하지 않고 생각만 하다가는 아무것도 할 수 없어요. 부동산은 나를 기다려주지 않으니까요."

마지막 말에 머리가 띵했다. 부동산은 나를 기다려주지 않는다는 그 말.

H는 매사에 기회를 찾아 거침없이 도전하는구나 싶어 내심 부럽기도 했다. 그들의 건물 1층에 입점한 만두전문점에 둘러 앉아 함께 저녁을 먹고 돌아서는데 H가 외쳤다.

"기자님도 어서 도전하세요! 부동산은 기다려주지 않는다니까요!"

리모델링을 마친 4층 주택의 거실이다. 도배와 장판을 모두 바꿨다.

리모델링을 통해 경사진 지붕선을 드러냈다. 집안이 한결 넓어 보이는 효과가 난다.

아일랜드작업대 등 주방가구를 새로 설치한 ㄷ자형 주방은 주부의 동선을 한결 편리하게 해준다.

안방은 다락방 같은 분위기를 연출했다. 경사면에 목재를 덧대어 편안한 공간을 만들었다.

리모델링 후 자녀방. 좁은 공간이지만 천장을 한껏 높여 넉넉하게 느껴진다.

테라스를 잘 사용할 수 있게끔 되살렸다. 바닥에 데크를 깔아서 휴식할 수 있는 공간으로 조성했다.

계단실과 복도는 손을 보지 않아도 될 정도로 깨끗했다. 스테인리스 난간만 걷어내고 철재 와이어줄을 매달아
시각적으로 넓은 느낌을 연출했다. 안전에도 문제가 없다.

부동산은 나를 기다려주지 않는다. 기회를 찾아 도전해야 한다.

제2부

2,000만 원으로
333 프로젝트
도전하기

2,000만 원
이체하던 날

2,000만 원. 이체 완료.

동공이 커졌다. 받는 사람… 'OOO' 맞지?

컴퓨터 모니터 화면을 뚫어져라 쳐다봤다. 평생 100만 원 단위 월급만 받고 살아온 나에게 2,000만 원 이체는 첫 경험이다.

갑자기 가슴 부근이 두근두근하다. 맥박 상승 중. H에게 입금 확인을 한 후에야 가슴이 겨우 진정됐다.

내가 지금 무슨 짓을 한 거지?

나는 15년 동안 주택 분야 전문기자로 일했다. 전국의 온갖 주택 건설 현장을 쏘다녔다. 건축주, 설계자, 시공사를 두루 만나며 그들의 개발 스토리를 섭렵했다. 특히 집주인들은 남에게는 쉽게 얘기해 주지 않는 속내나 애로사항을 기자에게는 털어놓는다. 자연 듣는 게 많아졌고 시야가 넓어졌다. 속담에 서당 개 3년이면 풍월을 읊는다고 했는데, 나는 15년간 서당 안에 들어가 앉아 수많은 훈장들에게 수학한 셈이다. 그런데 정작 내 상투는 틀지 못했다.

26살에 결혼하며 들어간 신혼집은 4,000만 원짜리 옥탑방 전세였다. 그때껏 동생들과 한 방에서 부대끼며 살아온 나는 내 방이 생긴 것에 만족했다.

첫 아이를 낳으면서 몇 차례 전세를 더 옮겨 다녔다. 그러다가 집주인과 노후 보일러 교체 문제로 싸우고 난 뒤 홧김에 현재 사는 $79m^2$(24평) 아파트를 구입했다. 계획에 없는 충동구매였다.

그 이후로도 집 한 채 지어볼 생각을 하지 못한 채 전국으로 세계로 집 구경을 다녔다.

그 사이 책을 몇 권 썼다. 주택이나 건물을 지어서 나름 성공한 건축주의 이야기를 담은 책이다. 책을 쓰는 와중 등장 주인공들이 부러웠지만, 왠지 나와는 상관없는 이야기 같았다.

그들은 종잣돈이 될 비싼 집이 있었으니까, 그들은 그럴듯한 아파트에서 신혼살림을 시작했으니까, 그들은 고액 연봉을 받으니까.

그러나 나는 종잣돈이 부족하니까, 아이 교육과 부모 부양에 먼저 돈을 써야 하니까, 아이들과 여행도 가야 하고 아파트 대출금을 갚아야 하니까. 늘 이런저런 이유를 대며 꼬박꼬박 입금되는 월급에 안주한 채 '딴 마음'을 먹지 않았다.

그러던 얼마 전, 건축가 H에게 제안을 받았다.

"용산구 효창동에 작은 노후주택을 매입했어요. 리모델링해서 셰어하우스를 운영할 건데 같이 해봐요. 나 말고도 지인 둘이 더 참여하는 공동투자예요. 우선 2,000만 원만 참여해보세요.”

2,000만 원이라. 내 통장은 월급 받고 열흘 남짓 지나고 나면 다시 제로다. 매달 자동이체로 빠져나가는 항목만 해도 수십 건이다. 그런데 무슨 투자고, 무슨 개발인가.

“돈 없다는 건 핑계예요. 이번 건은 작게 시작할 기회예요. 직접 시행자가 되어서 부동산에 새 가치를 만들어보는 거예요. 보는 거랑 직접 하는 건 다르다니까요. 연습이 필요해요. 가만히 있다가 갑자기 내 건물 짓는다는 생각은 어리석어요. 경험을 통해 노하우를 쌓아야 다른 것도 할 수 있어요.”

10여 년 전 취재원으로 만난 이후 인연을 이어온 H는 내게 기회를 주었다. 자기 지분 가운데 일부를 양보할 테니 참여해보라는 것이다.

맞는 말이다. 처음부터 건물주로 태어난 사람은 없다. 건물주가 되는 사람들을 보니 행복한 결말만 있는 것도 아니었다. 시행착오가 부지기수다. 작은 걸음부터 떼어야 훗날을 도모할 가능성이 높아지는 게 당연하다.

‘나도 한 번 해볼까?’

막상 시작할 용기를 내고 나니 그렇게 많은 집들을 취재하면서도 갖지 못했던 새로운 질문이 꼬리에 꼬리를 물었다. 역시, 직접 하는 것과 보는 것은 다르군.

H의 말이 옳다.

여럿이 같이 하면
위험하지 않을까요?

참여하기로 마음먹었지만 여전히 찜찜한 구석이 남는다.

"여러 사람과 같이 공동투자하면 위험하지 않을까요?"

"위험이요? 혼자 하는 게 더 위험하죠."

"네? 혼자가 더 위험하다고요?"

"혼자 하다가 최악의 경우가 생기면 어쩔 거예요? 그때 가서 다른 사람에게 도와달라고 할 건가요? 문제가 발생한 사업장은 누가 도와주지도 않아요. 복잡하거든요. 처음부터 관여되어 있는 사람들은 모여서 방법을 찾을 수 있어요. 그래서 동업이 필요한 거예요. 혼자 할 때보다 둘이 할 때 문제를 해결할 방법이 더 많이 나오니까요. 그만큼 실패할 확률이 줄어드는 거죠."

질문 하나가 일장 연설을 불러왔다.

H의 말을 요약하자면 이렇다. 부자들은 혼자 투자하지 않는다.

왜냐하면 항상 최악의 경우를 생각하기 때문이다. 혼자하면 덩어리가 커지고, 문제가 생겼을 때 리스크에 대한 부담도 커진다. 정말 쫄딱 망할 수도 있다. 고개가 끄덕여진다.

주변을 둘러봐도 그렇다. 큼지막한 부동산 개발 사업을 할 때는 흔히 컨소시엄을 구성한다. 컨소시엄에 참가하는 기업들을 보면 대다수 대기업이다. 자금 동원 능력이 없는 것도 아닌 그들이 혼자 사업해서 모든 이득을 취하면 될 것을 굳이 동업으로 이윤을 나눈다. 리스크를 줄이기 위해서다. 투자비와 리스크가 비례한다는 건 누구나 아는 원리다.

"우리끼리도 부자들처럼 커넥션을 만들 수 있어요. 그런데 왜 못 만드는지 아세요?"

"글쎄요. 뭐. 동업이라는 게 복잡하다는 생각도 들고요. 돈 앞에 장사 없다고 사람을 믿어도 되나 싶고요. 옛날부터 동업은 하지 말라는 얘기를 하도 많이 들어서 거부감이 드네요."

"못 믿는다고요? 그럼 부자들은 어떻게 공동투자를 하나요?"

H는 잘 아는 투자클럽 이야기를 해주었다. 중소기업 대표들의 사교모임으로 모두 7명이 참여한다. 그들이 서울교대 앞에 수익형 건물을 짓는데, 개발비용이 50억 원에 달한다. 7명이 투자했으니 각자 7억 원씩 담당한 셈이다. 그 건물에 온전히 7억을 투자한 것도 아니다. 대출을 받기 때문에 많아야 절반 정도만 현금이 투입된다. 서울교대 앞은 입지도 좋거니와 사업비용 규모도 투자자 한 명이 감

당할 수 있는 수준이다. 그런데도 그들은 십시일반 공동투자를 한다는 것이다. 만약의 실패에 대비해 충격을 완화하기 위해서란다.

"그들은 해도, 나는 못 한다고 말하는 건 핑계예요. 나는 돈이 없다고 생각하면서 스스로 포기하는 거죠. 돈이 부족하다면 자기 수준에 맞춰서 작게 시작하면 되는데 말이죠."

맞다. 나는 돈이 없다. 늘 내 손안의 돈이 부족하다고 생각하며 살아왔다. 월급통장은 한 달 중 딱 10일만 배부르다. 그래도 쥐어짜니 어떻게 2,000만 원을 만들 수 있다.

언제까지 돈 없다는 타령만 하고 살아서는 답이 안 보인다. 2,000만 원을 보내놓고도 의심은 사그라지지 않는다.

"공동투자를 하면 사고 날 가능성이랄까, 중도에 문제가 일어날 확률이 높지 않나요?"

"어떤 부동산개발이든 변수가 생길 수 있죠. 다만 공동투자는 그 변수를 극복하는데 있어 장점으로 작용하는 경우가 많아요."

사실 소규모 주택개발 과정에서 나타나는 변수는 웬만큼 알고 있다. 내가 취재한 어떤 건축주는 땅을 팠더니 물이 콸콸 솟아나서 고민에 빠졌다. 그는 흙을 다시 덮을 것인가, 수천만 원을 써서 지하공사를 계속할 것인가 고민하는 사이 생전 없던 원형탈모가 생겼다고 했다.

당시 설계를 해준 건축가는 임대할 자신이 있으면 땅을 파고, 불확실하면 덮으라고 조언했다. 결국 땅을 파서 지하사무실을 만들어 임대에 성공했다.

어떤 건축주는 구입한 땅의 잔금을 치르는 시점에서 땅을 포기하고 계약금을 날려 우울증에 빠졌던 경험을 들려주었다. 잔금 처리를 앞두고 철석같이 믿었던 은행 대출금이 줄어서 투자금(현금)이 더 필요했던 것이다. 그러나 이미 여기저기서 대출을 가득 받고 지인에게도 돈을 빌려 투자한 상태여서 추가로 필요한 수천만 원을 마련하지 못해 계약금 전액을 날리고 말았다.

당시 그는 신용관리의 필요성을 절실히 느꼈다고 했다. 뼈아픈 시행착오를 발판 삼아, 지금은 상가주택을 짓고 월세 500만 원을 받는 임대사업자가 됐다.

건물을 짓다가 이런 저런 이유로 갑자기 추가 자금이 발생할 수도 있다. 추가 자금을 어디서든 가져와서 공사를 재개해야 한다. 혼자서 이 상황을 막으려면 쉽지가 않다. 앞서 예를 든 건축주들처럼, 모든 사람이 충분한 여유자금을 갖고 건물을 지을 수 있는 것은 아니기 때문이다.

이 상황에서 셋이 투자했다면 대응이 좀 더 쉬울 것이다. 1인당 1,000만 원씩 모으면 3,000만 원이 된다. 자금 동원이 안 되는 구성원이 있다면 여유 있는 구성원이 2,000만 원을 내도 무방하다. 나중에 돌려받을 돈이니까.

백짓장도 맞들면 낫다는 속담처럼 여러 사람이 부담을 나누면 고비를 넘기기도 쉬워진다.

이런 변수도 있다. 건물을 짓고 나서 매도할 계획이었는데 뜻대로 안 될 수 있다. 넋 놓고 매수자를 기다리고만 있을 게 아니고 어서 임대를 맞춰 공실을 없애 수익을 내야 한다.

이때 동업자들이 나눠서 여기저기 소문을 내면 임대가 빠르게 찬다. 한 사람보다는 여러 사람의 정보력이 더 낫기 때문이다. 이렇게 임대를 잘 맞춰놓으면 매매 가능성이 훨씬 높아진다.

"부동산은 스펙트럼이 길어요. 주식처럼 바로 팔 수 없으니까요. 하지만 내 의지와는 상관없이 가격이 결정되는 주식시장보다는 부동산시장이 훨씬 안정적이죠. 제가 보기에는 부동산 시장에 진입하는 분들이 너무 큰 이익을 기대하는 게 더 큰 문제예요. 1억 원 투자해서 1억 원 벌어야지 그런 마음을 먹으면 안 되는 거예요. 내가 노력해서 창조한 가치만큼 이익을 얻겠다고 생각하면 문제가 없는데 말이죠."

H의 말처럼 나 역시 내심 큰 기대를 하는지도 모른다. 세상에는 성공한 사람만 돋보인다. 어느 연예인이 수십 억 건물을 샀는데 100억 원대로 가격이 올랐느니 하는 뉴스를 접하면서 한탕주의 혹은 로또 당첨 같은 행운을 바라는 무의식이 저변에서 자라났을 가능성, 그 무의식을 배척하려는 마음이 동시에 똬리를 틀고 있는 듯싶다.

내가 노력한 만큼 대가를 얻겠다는 마음가짐으로 부동산을 개발하자. 그러자면 땅을 사서 건물을 새로 짓거나 고쳐서 임대하고 매각하는 과정을 이해하고 필요한 지식을 공부해야 한다.

이제 내 생애 처음으로 2,000만 원을 투자한 부동산을 소개한다. 도대체 이 건물에 어떤 가치를 불어넣을 수 있을 것인지 기대 반 걱정 반으로 직접 경험하려 한다.

건물을 보러
찾아가다

"효창공원앞역에서 3초 거리에 있는 집이에요."

"3초요? 에이, 과장이 심하시네. 어떻게 그 큰 지하철역에서 나오자마자 고작 66m²(20평) 집이 있어요? 그것도 더블역세권이라면서요?"

방문 전 인터넷 지도를 펼쳐서 용문동 주택의 위치를 가늠했다.

6호선과 경의선 환승역이 있으니 더블역세권이 맞다. 효창공원앞역은 고층 아파트와 상업용 건물이 즐비한 공덕역과 삼각지역 사이에 위치하고, 요즘 핫한 상수역과 합정역까지 몇 정거장이면 간다. 또 경의선은 KTX 정착지인 용산역으로 연결된다. 젊은 임대 수요를 끌어들이기에 충분한 동네다.

간단하게 지도를 검색한 후 현장으로 출발했다. 영하 15도의 강추위가 연일 계속되는 1월의 어느 날, 직장이 있는 여의도에서 출발

효창파크KCC스위첸
(2018년 9월 예정)

서울 금양초등학교

연세세림
내과의원

효창원로62길

후보지

용산타운빌

순수한의원

효창
프라자약국

자연치과

용산롯데캐슬센터포레
(2019년 4월 예정)

효창공원앞역

6호선

경의선

효창공원앞역

효창원로55길

세븐일레븐

효창원로

라온빌

효창동 지도

해 원효대교를 넘어 전자상가를 살짝 비켜 좌회전을 해 용문동에서
멈췄다.

저녁 시간인데도 차가 밀리지 않고 한산했다. 키 낮은 상가들이
벽을 맞대고 이어지는 작은 도로 양쪽에는 정차 차량이 즐비했다.
주차단속이 없는 걸로 보아 아직 여유가 있는 서민 동네임을 알 수
있다.

동쪽 전자상가 방향을 보니 고층 상업건물들이 빛을 반짝인다.
그 너머에는 지난해 화제 속에 완공된 서울드래곤시티호텔과 아모
레퍼시픽 신사옥이 위치해 있다.

효창동과 용문동 사이에 있는 공원. 옛 철길을 따라 도심의 허파 같은 공원을 조성했다.

서쪽은 공덕동이다. 거대한 아파트 단지에서 불빛이 하나둘 켜진다. 한눈에 보아도 용문동은 용산역과 마포역 사이에 위치한 보물 같은 동네임을 짐작할 수 있다.

주차를 한 후 H와 나는 효창동으로 이동했다. 효창동은 용문동과 이웃이다. 지하철로를 중심으로 남쪽에는 용문동이 북쪽에는 효창동이 있다.

북쪽 골목길로 접어들어 한두 번 발길을 꺾으니 갑자기 시야가 확 트인다. 잘 관리되어 보이는 잔디밭이 동서로 펼쳐지고 효창공원 앞역 사거리가 보인다. 옛 철길을 지하화해서 공항철도와 경의선이

지나가게 설계하고 지상은 공원으로 꾸몄다는데, 서울 도심에서는 좀처럼 만나기 힘든 개방감을 주는 경관이다.

"저기 보이죠? 동물병원 뒤에 붙은 집 보여요?"

10차선은 되어 보이는 넓은 도로에서 잠시 멈췄다. 건너편 2층짜리 아담한 동물병원 옆 골목으로 희미한 가로등이 보이고 그 사이 물체가 어른거린다. 횡단보도를 건너면서 선명해지는 골목길과 형체가 드러나는 작은 집. 횡단보도 끝 지점에 지하철 1번 출구 팻말이 떡 하니 서 있다.

아, 정말 1번 출구에서 몇 걸음만 걸으면 만날 수 있는 집이네.

"이 동네에서 제일 싼 집, 골치 아픈 집을 소개해달라고 했어요."

H는 2017년 가을 무렵 효창동에 있는 부동산을 돌아다니며 제일 싼 집을 구했다. 그의 눈에 들어온 곳이 동물병원 뒷집이다. 그래서 제일 싼 집이 얼마라는 건가.

"6억 4,000만 원이에요."

이런 집이 6억 4,000만 원이라니! 대다수 사람들은 실제 집을 보면 나처럼 실망할 게 뻔하다. 이 집은 담이 없다. 마당도 없다(한쪽에 숨은 듯 쓰레기더미가 쌓인 길쭉한 마당이 조금은 있다). 벽이 곧 담인 집이다. 모양도 정사각형이 아니다. 땅 면적은 66m²(20평) 남짓이다. 그런데 6억 4,000만 원이라니. 3.3m²(1평)에 3,200만 원짜리 비싼 땅에 제멋대로 생긴 허름한 집이 앉아 있다.

"주변 아파트 시세와 비교해보세요. 싼 거예요. 2001년 입주한 전용면적 59m²(18평) 아파트가 7억 원이에요. 그 아파트 땅 지분이 얼마나 될까요? 몇 평 안 돼요. 그런데 여기는 땅 66m²(20평)이 온전히 우리 것이잖아요. 당연히 싼 거죠."

멀쩡하면 비싸게 팔지 왜 싸게 팔겠나. 싼 물건에는 다 이유가 있다. 여러 조건이 좋은데 싼 부동산은 단연코 없다. H는 이 집의 문제점(?), 아니 싼 이유를 줄줄이 늘어놓았다.

첫째, 위치는 보물인데 집이 썩었기 때문에 싸다는 것이다. 입지는 사통팔달 교통망에 초역세권이 분명하다. 오히려 대로변에 나앉은 집보다는 골목 안에 살짝 들어온 집이 사는 사람 입장에서는 낫기도 하다.

문제는 집 자체가 엉망이라는 점이다. 부수고 다시 짓든지 아니면 대대적으로 고쳐야 한다. 신축이냐, 리모델링이냐의 결정은 경험 많은 H의 분석으로 얼마든지 해답을 찾을 수 있으니 패스.

둘째, 이 집은 도로를 점유하고 있어 문제다. 66m²(20평) 남짓한 땅을 사용하면서, 9.9m²(3평)은 도로다. 결국 도로를 점유해서 총 76m²(23평)을 쓰고 있다.

"철거라도 하라고 하면 어쩌려고요?"

H의 답변은 간단했다. 이 집은 이미 지자체가 합법적으로 준공을 낸 건물이므로 이제 와서 철거하라고 강요할 수 없다는 것이다. 도로 점유는 그 옛날 정확하지 못했던 지적으로 발생한 문제였지, 건물주의 잘못이 아니라는 얘기다.

효창공원앞역 사거리에서 바라본 전경. 효창공원과 마주하고 있으며 신규 아파트 단지가 바로 옆에
들어서고 있다.

동물병원 뒤에 있는 작은 집이 우리의 투자 물건이다.

골목길 안쪽에서 바라본 모습. 벽이 곧 담이다.

좁고 긴 형태의 2층집이다. 평면도를 보면 모양이 더 기이하다.

"옆집도 우리 땅을 침범한 상태예요. 내 땅 내놓으라고 하면 옆집도 골치가 아파지는 거죠."

이런 집이 서울시에 숱하게 많다고 한다. 그 집을 다 철거할 수 없는 노릇이긴 하므로 일단 이 문제는 패스.

더구나 오랫동안 지자체에 도로 전용비를 내고 사용했기 때문에 도로를 우선적으로 매입할 권리가 우리에게 있다고 한다.

셋째, 이 집에는 불법건축이 일부 존재하고 있어 문제다. 현실에 서 있는 집은 2층 주택인데, 건축물대장에는 단층가옥으로 표기되어 있다. 어느 시점인지 몰라도 이전의 소유주가 불법건축을 한 것이다. 이미 불법건축물로 발각되어 벌금인 강제이행금을 몇 차례 낸 전력이 있다.

"이런 집은 스스로 해결할 방법을 알지 않는 이상, 아무리 싸도 사면 안 돼요. 대출도 많이 못 받아요. 은행이 감정평가할 때 불법 부분은 인정 안 해요. 현장은 3층 99m²(30평)인데 건축물대장에 1층 33m²(10평)으로 표기되어 있으면 33m²(10평)만 인정해요. 또, 올해는 괜찮은데 내년에 적발되어 벌금(강제이행금)을 낼 수도 있어요. 그럼 수익률이 떨어지는 거죠."

그렇게 주의를 당부하는 H 자신은 불법건축이 된 이 집을 샀다. 무슨 근거의 자신감인지?

"골치 아픈 집이니까 주인이 싸게 내놨죠. 건물은 고치면 되고, 도로는 집 짓고 나서 매입해도 되고요. 우리에게 우선 매입권리가 있으니까요. 불법건축물인 점은 양성화 기간에 해결할 수 있어요."

나름의 해법을 내놓는데, 나는 이미 머릿속이 뒤엉켜서 뜨끈뜨끈해졌다.

"그래도 이거 왜 했어요? 조금 덜 골치 아픈 집으로 하지."

"돈 없어서 한 거죠. 제일 싼 집으로. 땅 사는 게 간단하지는 않지만 어렵지도 않아요. 잘 연구해서 부가가치를 찾으면 되니까. 또, 자신 있으니까 매입한 거죠. 서울 같은 대도시에는 불법건축물 신분에 도로를 점유한 채 나이 들어가는 오래된 집들이 얼마나 많은데요. 어떻게 해결할지 방법을 못 찾아서 방치되고 있을 뿐이에요."

얼떨결에 2,000만 원 지분을 들고 참여하긴 했는데, 갈 길이 순탄치만은 않아 보인다. 해결법이 있다지만 직접 경험하지 못한 나로서는 위태위태해 보인다.

효창동 투자 예상 내역

총투자금액 대비 수익률	
매입비	6억 4,000만 원
공사비(부가세 포함)	1억 1,000만 원
*기타 비용	5,000만 원
총투자금액	8억 1,000만 원
실투자금액	4억 1,000만 원
보증금	5,000 만 원
대출	3억 5,000만 원
수익률	21.95%

*기타 비용에는 취득세, 중개료, 세입자 이사지원비 등이 포함.

계약 후 불법건축물임을 알았을 때의 대처법

주택이나 건물을 계약한 후에서야 일부 무허가 건축 부분이 존재하거나 불법건축 부분이 있다는 사실을 알게 되는 경우가 종종 있다.

일반적으로 건축물의 건축은 건축허가(신고)를 받아야 한다. 그런데 현실에서는 허가를 받지 않거나 받았더라도 위법한 건물이 존재한다.

무허가건축물이란 건축법상 시장, 군수의 허가를 받고 건축해야 할 건축물을 관할 시장, 군수의 허가를 받지 아니하고 건축한 건축물을 말한다. 시간이 지났다고 해서 무허가 건축물이 합법적으로 바뀌지는 않는다. 다만 일정요건을 갖추면 한시적인 특별법으로 양성화해주는 경우가 있다.

불법건축물이란 건축허가에 관여하는 법률에 반하여(위법) 건축한 건축물을 말한다. 건축허가에 관여하는 법률은 건축법 외에도 주차장법, 도로법, 하수도법 등 다양하다.

건축허가를 받았다 하더라도 허가받은 내용과 다르게 건축되거나 모든 허가요건을 갖추었다고 하더라도 허가 절차 없이 건축되는 경우에는 불법건축물이 된다.

불법건축물임이 드러나면 그때부터는 지자체가 관리하는 위반건축물로 불린다. 위반건축물에 대해서는 이행강제금이라는 벌금을 부과해 건물주 스스로 허가 요건을 갖추도록 유도한다.

그렇다면 불법건축물을 어떻게 적발할까. 공무원이 점검으로 적발하는 경우도 있지만 대다수는 이웃이나 소유자와 싸운 임차인의 민원으로 밝혀진다. 요즘에는 항공촬영을 해서 불법 확장이나 옥탑방 등을 적발한다.

처음 불법건축물이 발견되면 2회 시정명령을 내린 이후에 이행강제금을 부과한다. 이행강제금은 한번으로 끝나지 않고 지속적으로 부과되므로 애초에 건물을 매입할 때 불법 여부를 확인해야 한다.

불법 여부를 확인하기 위해서는 반드시 건축물대장을 떼어서 건물의 용도가 현재 사용과 맞는지 확인해야 하며, 도면과 건물이 일치하는지 따져야 한다.

건축물 대장은 있는데 도면이 아예 없는 건물도 있다. 40년 이상된 건물은 그렇다고 봐야 한다. 건축물 대장을 떼어보면 면적 등을 표기한 갑지만 있고 평면도가 첨부되는 을지는 없는 경우다. 이런 건물의 구조를 바꾸는 대수선을 하려면 허가 내는 과정이 어렵다. 따라서 이런 건물은 아예 부수고 신축을 하거나 허가가 필요 없는 수준으로 고치는 리모델링 공사를 선택하는 게 적당하다.

의도하지 않았지만 옆 필지의 땅을 무단으로 점유하고 있거나 도로를 점유하고 있는 땅들도 많다. 예전에는 측량이 정확하지 않아서 같은 땅인데 측량을 할 때마다 5cm씩 차이나는 경우가 허다했다. 이렇게 측량에서 오차가 나면 지적도(토지의 주민등록증)에 표기된 땅 면적과 실재하는 땅 사이에 오차가 존재한다.

측량 오차는 지구가 둥근 데서 비롯된 것이다. 지구는 둥근 원인데 지적은 선으로 표시되는 평면이기 때문이다. 지금은 오차 많은 전통적인 측량도구를 대체하는 GPS나 인공위성이 있다. 이 최첨단기술을 이용해서 정확하게 측정할 수 있게 됐다.

CPS가 고도 2만km에 떠 있는 위성에서 시간정보를 받고, 위성에서 신호를 발사한 시각과 수신 시점의 시간차를 측정한 다음 여기에 빛의 속도를 곱해서 계산하는 삼각측정법을 이용한다.

측량이 정확해지자 불법 점유한 땅을 돌려달라는 소송이 많아졌다. 토지 불법점유의 경우 부당이득 반환청구 소송을 통해 불법 사용한 기간 동안의 임대료 상당 금액을 청구할 수 있으며, 토지소유자의 허가 없이 설치한 건물에 대한 철거 청구 역시 가능하다.

그러나 불법이라도 오랜 기간 토지를 점유하면 점유취득시효를 주장하며 해당 토지의 소유권을 주장할 수 있다. 점유기간이 10년이 넘은 상태에서 원소유주가 이의를 제기하면 불법점유자는 그간의 사용료를 지불하고 땅을 사는 경우가 많다.

신축이냐 리모델링이냐
고민의 시작

"이렇게 문제 많은 땅을 어떻게 해결하시려고요? 신축해야 하나요? 고쳐야 하나요?"

현장을 둘러본 후 막막해진 심정이 실렸던지 H로 향하는 내 목소리가 조금 날카로워졌다.

"셋이 모여서 고민한 게 바로 그거예요. 신축이냐, 리모델링이냐."

효창동 프로젝트에는 3명의 공동투자자가 있다. H와 그의 지인 2명. 나는 땅을 매입한 이후에서야 H가 지닌 지분의 일부에 투자하며 참여했다.

H가 투자자를 모으기에 앞서 먼저 땅에 계약금을 걸었다. 그의 말로는 '견적이 나왔기 때문'이란다. 견적이란 것은 이 땅에 건축물을 어떻게 지으면 수익을 낼 수 있을지 규모와 공사비 등을 따져보는 과정이다. 못 생기거나 문제가 많은 땅을 개발한 경험이 많은 H

는 어렵지 않게 방법을 찾았고, 뒤에 합류한 2명의 공동투자자와 그 내용을 공유하고 합의했다.

H의 노하우로 정리한 '빌딩 분석기'를 돌려본 결과는 이렇다. 66m²(20평)에 불과한 땅, 먼저 신축을 한다고 가정했다. 1층 39m²(12평), 2층 39m²(12평)을 올려볼까. 그렇게 하자니, 지금 주택보다 면적이 줄어든다.

지금 주택은 1층 바닥 66m²(20평)에, 점유도로 9.9m²(3평)까지 오롯이 다 차지하고 있다. 2층까지 더하면 면적이 109m²(33평)이다.

신축하면 주차장도 넣어야 하고, 이웃 대지와 이격거리도 둬야 하니 지금의 모양과는 다른 얇고 길쭉한 집이 된다.

용적률을 최대한 채우는 신축도 생각해봤다. 1층, 2층, 3층을 각각 39m²(12평)으로 총 119m²(36평)짜리 집이 된다. 이렇게 지으려니 공사비가 2억 원 가까이 든다. 공사비에는 철거비용도 들어가는데, 최소 1,000만 원이 넘는다.

H가 마지노선으로 잡은 공사비는 1억 원이다. 1억 안에서 공사를 해결해야 실질적인 개발효과를 기대해볼 수 있다.

공사기간도 문제다. 신축하면 공사기간이 길다. 인허가에 1달 남짓 걸리고, 최종 입주까지 6개월 정도 잡아야 한다. 공사기간이 길면 이자가 나가는 기간도 길어진다. 자연히 전체 투자비가 증가하고 수익은 줄어든다.

또 하나 신축을 하면 점유 중인 도로를 내놓아야 한다. 현재는 점유하고 있는 도로를 우선 매입할 수 있는 권리가 우리에게 있지만 신축하면 그 권리가 없어진다.

아예 점유도로 9.9m²(3평)을 이참에 매입해볼까도 검토했다. 알아보니 매입 절차가 6개월이나 걸린다고 한다. 이러다 언제 집을 짓나. 나중에 매입해도 되니 일단은 고민에서 제외하기로 했다.

신축을 하려니 이래저래 걸리는 게 많고, 무엇보다 비용은 많이 드는 데 면적은 오히려 적어지거나 지금과 비슷하다.

그렇다면 리모델링은 어떨까? 리모델링 공사기간은 1달 정도면 된다. 물론 설계 변경이 들어가면 그 이상으로 늘어날 수도 있지만 말이다.

리모델링의 법칙은 간단하다. 많이 고칠수록 돈이 더 든다는 것이다. 다행히 지금의 집 구조를 유지하면서 해볼 수 있는 것이 많다.

이 집은 방이 7개다. 1층에 투룸 2가구가 있고, 두 집 사이에 난 외부계단을 따라 2층으로 올라가면 투룸 1가구가 더 있다. 2층 투룸과 원룸 앞에는 제법 넓은 마당도 자리한다.

집집마다 전기와 도시가스가 분리되어 있는 것도 장점이다. 전기와 도시가스 계량기가 3개라는 얘기다. 현관문도 3개다. 설비 분리와 계량기 설치에도 많은 돈이 들므로 최대한 활용하면 이득이다.

건축물 대장상에는 단독가구로 되어 있는 집이 실상은 3가구로 나뉘어져 있다. 문제는 없을까.

"이 집은 도면이 없어요."

외부 계단을 따라 2층으로 올라가면 투룸 1가구가 더 있다.

2층 투룸과 원룸 앞에는 제법 넓은 마당도 있다.

"도면이 없다고요? 그게 가능한가요?"

"93년부터 도면이 전산화되었는데, 이전 건물은 도면을 전산화하지 못했어요. 건축물대장에서 면적은 20평인데, 현장은 23평이라고 해도 알 수가 없는 것처럼 내부 구조도 알 수가 없어요. 공무원이 직접 실측을 해야 하는데, 이런 건물은 정확한 실측이 어렵거든요"

도면이 없는 게 장점이 되는 순간이다. 건축물대장과 현장이 맞지 않는데 이걸 도면 들이밀고 해결할 방법이 없으니 지금은 고쳐서 살다가 훗날 신축할 때 정리해야지 싶다.

"우리가 집을 새로 고치면 도면이 생기잖아요. 그걸 신고해야 할 의무는 없나요?"

"대수선으로 신고하면 건축물대장에 도면을 넣어야 해요. 그렇지 않은 경우에는 의무사항이 아니에요. 도면은 내가 필요할 때 대장에 넣으면 되요."

대수선을 하지 않는 이상 신고 의무가 없다. 대수선을 가르는 기준은 구조벽을 건드리느냐 유지하느냐의 등의 차이다. 창문을 가로로 확장하는 것도 영향을 준다.

효창동 공동투자자들은 리모델링을 선택했다. 투자자 중 누군가가 직접 들어가 살 목적이라면 조금 더 투자해서 신축을 하겠지만, 임대를 낼 거라면 신축은 무리다.

늘어난 공사비용만큼 더 많은 월세를 받아야 하는데, 월세는 지역 평균이 있다. 특별한 경우가 아니고는 월등하게 많이 받기 어렵다.

"1억 원으로 33평 주택 리모델링, 어디까지 가능한가요?"

질문이 많아졌다. $109m^2$(33평)을 1억 원으로 고치려면 평당 300만 원 남짓 투자된다. 골조만 세우지 않을 뿐 거의 모든 건축 공정을 다 거쳐야 하니 넉넉한 금액은 아니지만 부족한 금액도 아니다.

옛날 건축물의 가장 큰 문제점은 결로다. 결로가 있다는 건 춥기도 하고 동시에 덥기도 하다는 얘기다. 그래서 단열공사가 제일 중요하다.

"원칙은 외단열 공사예요."

H가 고집하는 것처럼 외단열 공사법으로 건물을 보온병처럼 감싸

는 게 제일 좋다. 외단열을 하면 방수도 함께 해결되므로 1석2조다.

그런데 과연 이 집에서도 외단열 공사가 가능할지는 미지수다. 가뜩이나 도로를 점유하고 있는데 벽이 더 튀어나오면 이웃의 민원이 발생할 수도 있다. 또 외단열 공사하려면 2층까지 올라다닐 수 있는 가설재를 설치해야 한다. 당연히 눈에 더 잘 띈다. 민원이 발생

효창동 주택 리모델링 vs 신축 수익률 비교안

	신축	리모델링
건물규모	지상 3층	지상 2층
사업기간	8개월	4개월
연면적	119m²(36평)	109m²(33평)
토지매입비	6억 4,000만 원	6억 4,000만 원
공사비(부가세 포함)	1억 8,800만 원	1억 1,000만 원
보증금	2,000만 원	1,000만 원
기타비용	1억 5,000만 원	5,000만 원
총투자금액	9억 5,800만 원	7억 9,000만 원
분양가	11억 원	9억 원
매매차익	1억 4,200만 원	1억 1,000만 원
수익률	14.82%	13.92%
실투자금액 (총투자금액-대출금액)	6억 800만 원	4억 4,000만 원
대출	3억 5,000만 원	3억 5,000만 원
실투자금액 대비 수익률	23.36%	25.00%

하면 시공 중간에 전략을 수정해야 될 수도 있다.

　내부 공간 구조는 바꾸지 않는다. 욕실 공사와 내부 방바닥 공사를 새로 하고, 창문을 교체하며 창이 없는 방에 추가로 창을 내는 정도로 마무리하기로 했다. 이렇게만 해도 몰라보게 새 집이 된다.

　그동안 쓰러져가는 집들이 리모델링을 통해 화사하게 변신한 모습을 여러 차례 봐왔지만, 막상 내가 참여한 프로젝트에서는 조바심이 난다. 아무쪼록 멋진 모습으로 재탄생하기를.

리모델링의 범위와 신고, 허가 기준

리모델링의 범위는 크게 2가지로 구분한다. 건축물 면적의 변화가 있는가 없는가에 따라 건축법의 절차가 달라진다.

특히 대수선을 하게 되면 건축 신고를 해야 한다. 대수선이란 건축물의 주요 구조인 기둥이나 보, 내력벽, 주계단을 변경하지만, 철거하는 수준에 미치지 않는 정도의 수선일 경우를 일컫는다.

기둥, 내력벽을 건드리지 않는 수선은 작은 수선에 해당되어 신고 없이 공사할 수 있다.

면적 변화가 있다	증축	구청 신고	건축물의 면적이 늘어나거나 줄어든 경우
면적 변화가 없다	작은 수선	신고 불필요	페인트칠이나 벽지를 바르는 등의 작은 수선
	대수선	구청 신고	건축물의 주요 구조부(기둥, 보, 내력벽, 주계단)를 변경하지만 건축물을 철거하는 수준에는 미치지 않는 정도의 수선 또는 외부 형태를 수선·변경하거나 증설
	개축	구청 신고	건축물 전체를 철거하거나 그에 준하는 정도로 철거하는 수선으로서 가장 큰 범위의 수선으로 판단하는 건축행위

"이 땅 왜 사셨어요. 너무 힘들잖아요."

반복적인 볼멘소리를 해본다. 아마도 이 프로젝트가 끝날 때까지 계속될지도 모른다.

"끈질기게 물어보시네요. 답은 같아요. 돈 있는 사람은 좋은데 가서 우량한 물건에 투자하죠. 그들만의 리그가 있어요. 그런데 우린 돈이 없잖아요."

H는 6개월 전 용산 일대를 다 뒤져서 효창동과 용문동에서 두 필지를 골랐다. 그러고는 지인을 모아 각 필지마다 3인조 투자그룹을 결성했다.

용문동은 면적이 $231m^2$(70평)가량으로 매입가가 14억 원에 달했다. 6억 4,000만 원에 매입한 효창동의 2배 가격이지만 토지는 3배나 크다. 효창동은 역세권 입지가 반영되어 상대적으로 가격이 더 나간다.

그런데 용문동 주택은 매입 후 3개월 만에 땅값이 30%나 올랐다. 은행은 투자자들이 요청한 대출금액보다 더 많은 돈을 빌려주겠다고 나섰다. 투자자들은 애초 3억 원씩 투자하기로 했으나 대출이 늘면서 투자금이 2억 원으로 줄었다. 용문동은 단층 단독주택을 헐고 4층짜리 상가와 셰어하우스가 결합된 주택으로 변모한다.

용문동은 이미 지가상승을 통해 개발 뒷심을 얻었다. 그럼 효창동은 어떻게 하려나.

"효창동 주택이요, 임대는 어떻게 내실 거예요? 전세? 월세?"

"전세라뇨. 우린 월세가 들어오는 건물을 지어야 해요. 수익이 있어야죠."

사실 내가 지분 참여를 하기 전 이미 효창동 공동투자자들은 셰어하우스를 운영하기로 합의했다.

방이 7개, 월세가 40만 원, 한 달에 월세 280만 원이 생기는 33평 셰어하우스를 말이다. 타깃은 20~30대 여성이다. 홍대, 신촌, 공덕이 가까운 사통팔달 교통망을 갖춘 데다, 공원을 낀 쾌적한 입지를 자랑하고 있어서 젊은층 유입이 쉬울 거라고 그들은 판단했다.

"요즘 임대 트렌드가 뭔지 같이 공부했죠. 얼마 전 면목동에 셰어하우스를 설계했는데 반응이 너무 좋았어요. 셰어하우스는 남성보다는 여성이, 여성 중에서도 20~30대가 주로 찾는데, 효창동 입지가 딱이에요."

H가 앞서 설계했다는 면목동 셰어하우스는 머리를 꽤 많이 쥐어짠 프로젝트다. 근처에 버스정류장만 있을 뿐 지하철역까지 20분 남짓 걸어야 하는 거리에 있고 젊은 직장인들이 많이 거주하는 지역도 아니다. 따라서 누가 봐도 셰어하우스가 들어서기에는 열악한 입지다.

부동산중개소 사장들은 셰어하우스로 임대한다고 했더니 거들떠도 보지 않았다. 안 될 게 뻔하다고 손사래를 치면서, 원룸으로 다시 개조하면 세입자를 찾아주겠다며 불법 개조방법까지 알려줬다.

그런데 이변이 일어났다. H는 면목동 셰어하우스에 옥수수집이라는 새로운 개념을 적용해 공유공간과 개인공간을 층별로 분리하는 방법으로 기존 셰어하우스에서 취약하기 쉬운 사생활을 챙겼다.

현재 면목동 셰어하우스는 만실이다. 1층에 케이크 전문 브랜드가 입점해서 동네 골목길 분위기까지 바뀌었다. 건물에서 나오는 월세 수입만 800만 원으로 그 동네에서 최대의 수익률을 기록하고 있다.

"면목동은 수익률이 높아도 지가상승이 없어서 매각이 어려워요. 하지만 개발기대치가 높은 용산은 다르죠. 수익률이 낮아도 지가가 상승하는 지역이니까 수익률이 4~5% 정도만 나도록 설계해도 걱정이 없어요."

이왕이면 지가 상승 지역에서 부동산을 개발하는 게 쉬운 이유지 싶다. 면목동처럼 지가변동이 미미한 서울 외곽 지역에서는 수익형 부동산을 설계할 때 수익률 계산이 치열하다. 대신 임대사업자로 등록해 장기 보유하면서 각종 세금혜택을 누린다면 외곽 지역에서의 개발도 괜찮다고 본다.

효창동 프로젝트에 셰어하우스를 선택한 또 다른 이유가 있다. 효창동은 주택 가구수를 늘릴 수 없기 때문이다. 월세 수입을 극대화하려면 현존하는 7개의 방을 하나씩 분리해서 원룸으로 만들어야 한다. 셰어하우스보다는 원룸에서 받는 월세가 단돈 5만 원이라도 더 높기 때문에 수익률도 높다. 그렇지만 원룸 개조는 불법이므로 셰어하우스를 선택했다. 셰어하우스를 선택해도 4~5% 정도의 수익률을 기대할 수 있으니 됐다는 판단이다.

며칠 후 H와 함께 효창동 셰어하우스 운영을 맡아줄 바다셰어하우스 김신홍 대표와 만났다. 그는 일찍이 국내에 셰어하우스를 도입해 승승장구 중인 셰어하우스 임대관리 분야의 선구자다.

그가 설명하는 셰어하우스 계약 방식은 세 가지다. 집주인이 따져서 유리한 방식을 선택하면 된다.

첫째, 임대관리회사가 홍보만 해주는 방식이다. 연간 100만 원으로 임대관리회사 홈페이지에 노출되며 집주인 연락처도 게시된다. 대신 집주인이 직접 관리하고 문도 열어주고 계약도 진행하는 시스템이다. 우선 셰어하우스 규모가 작고 집주인도 시간적 여유가 있다면 유리한 방식이다.

둘째, 임대관리회사에 통으로 임대를 주는 방식이 있다. 관리회사가 셰어하우스의 운영을 전적으로 맡은 후, 집주인에게는 약속한 일정 수익금만 주고 남은 수익금은 회사가 가져간다. 이렇게 하면 공실이 없을수록 집주인이 손해를 보고, 공실이 많을수록 회사가 손해를 본다.

셋째, 임대관리회사가 운영만 맡는 방식이다. 관리회사는 집주인에게 3만 원, 입주자에게 2만 원을 받아 1인당 월 5만 원에 세입자를 관리해준다. 세입자 모집과 계약체결서비스, 2주에 한 번씩 공용공간 청소 서비스, 세입자의 민원 해결서비스를 관리회사가 맡는다. 이 운영방식을 선택하려면 세입자 수가 일정 규모 이상은 되어야 한다.

효창동 투자자들은 세 번째 안을 선택, 용문동 셰어하우스 25개실과 효창동 7개실을 통합해서 운영을 맡기기로 했다. 한 지역에 관리할 집이 몰려 있으면 임대관리회사 입장에서도 이득이므로 열심히 관리해줄 것이라고 판단하고 있다.

원룸 vs 셰어하우스 임대사업 비교

	원룸	셰어하우스	비고
보증금	1,000만 원	100만 원	셰어하우스는 보증금 없이 2개월치 정도 월세를 선입금한다.
월세	60만 원	45만 원	
1인 사용면적	6평	20평	셰어하우스는 현관, 주방, 화장실을 공유하므로 실사용 면적이 넓다.
관리비	8만 원	4만 원	셰어하우스는 사용 면적대비 관리비가 낮다. 공유면적 사용비용을 나눠 내기 때문이다.
임대기간	1년	6개월	
건물청소	공용계단	침실 빼고 다	한 달에 2번
입지	역세권	동네	
공간특성	독립된 집	현관·화장실·주방·거실 공유, 침실만 독립	
투자비용	1억 원	6,000만 원	셰어하우스는 원룸보다 시설비용이 적게 들어간다.
수익성	6%	9%	투자비용이 줄어드니 수익성이 높아진다.

장점	개인 사생활보장과 지인 초대 가능.	비용절감에 비해 주거 환경이 좋다. 같이 살아서 안전하고 외로움 감소.	
단점	외롭고 주거안전성이 떨어진다.	개인 사생활 보호가 어렵고 공실률이 원룸보다 높다.	

대출 알아볼 때
신용 좋은 멤버는 누구?

오늘은 대출에 대해 좀 물어보기로 작심했다. 나처럼 대출 받는 것에 알레르기가 있는 사람에게는 아주 민감한 문제다.

전세로 이사 갈 때마다 주인집에 걸린 근저당과 우선순위를 살피는데 신경이 곤두섰던 경험이 많다. 전셋집이 경매로 넘어갈 경우 내 전세금을 온전히 반환받을 수 있나가 가장 큰 관심이었다. 그러다 보니 대출 낀 집은 꺼리게 되었고, 대출에 대한 거부감이 생긴 것 같다.

"부동산 개발에서 대출을 적절히 활용하는 건 매우 중요해요. 대출이 많을수록 수익률이 높아지고, 부동산을 매각하기도 쉬워요. 자기자본을 조금만 투자해도 건물을 취득할 수 있다면 싫어할 사람이 어디 있겠어요."

H는 대출에 대한 거리낌이 없어 보인다. 하긴 세입자 입장에서는 대출 많은 집이 부담스러워도 매수자 입장에서는 자기자본을 조금

만 넣어도 되니 초기 진입이 쉬워진다. 살다 보니 이렇게 또 매수자 입장에 서 보기도 하는구나 싶다.

적당한 토지를 찾고, 견적을 통해 수익성을 검토하는 동시에 진행해야 할 일이 바로 토지담보대출이다. 담보대출이 일반신용대출보다 금리가 낮고 금액도 많이 받을 수 있다.

"동네에 감정물건이 많으면 대출받기 쉬워요. 선례를 보고 해주거든요."

공동투자자들은 땅을 계약한 후 토지매입서를 들고 은행을 찾아가서 대출을 신청해야 한다. 그러면 은행이 부른 감정평가사가 현장에 방문해서 감정을 하고 물건의 가격을 정해서 은행에 제출한다. 은행은 감정평가액을 바탕으로 대출액을 설정하는 것이다.

"아니 대출이 얼마나 나올지 모르는 상태에서 땅을 매입했는데, 나중에 생각만큼 대출이 안 나오면 어떡하죠?"

땅을 얼마에 사서 대출은 얼마를 받고 투자금은 얼마다, 뭐 이런 계획을 사전에 세우려면 대출금액을 정확히 알아야 하지 않을까?

"그래서 탁상감정이란 게 있어요."

효창동 프로젝트 투자자들은 땅을 매입하기 전 은행에 방문해서 탁상감정을 신청했다. 말 그대로 감정평가사가 직접 현장을 방문하지 않고 책상에 앉아서 감정평가를 한다. 해당 지역에서 발생한 기존의 대출 데이터가 기준이 된다. H와 투자자들은 탁상감정을 통해 최소 3억 원에서 최대 4억 원까지 대출이 가능하다는 답변을 들었다.

여기서 변수가 발생한다. 은행대출에 따라 투자금이 달라지는 것이다. 3억 원 대출이 나오면 투자금이 올라가고, 4억 원 대출이 나오면 투자금이 내려간다. 효창동 프로젝트는 3억 5,000만 원을 대출받았다.

"토지를 계약하기 전에 탁상감정을 받아서 나머지 금액을 투자자들이 충분히 감당할 수 있는지 의논해야죠. 또 은행대출에 따라 투자금액에 변수가 생길 수 있다는 사실을 인지해야 하고요. 안 그러면 나중에 싸움이 돼요."

"공동투자할 때 은행대출은 누가 받나요?"

"가장 신용이 좋은 사람이 받아요. 그래야 금액도 많이 받고 이자도 싸요."

효창동은 3인 중 가장 신용이 좋은 강 씨가 신청대출자로 나섰다. 나머지 2명은 담보제공자로 들어간다. 신청대출자라고 해서 모든 책임을 혼자 지는 건 아니다. 만약 사고가 생기면 나머지 2명의 담보제공자까지 함께, 3분의 1씩 갚아야 한다. 이자가 들어오지 않으면 3명에게 모두 차압이 들어간다.

3명 모두 심사에서 탈락할 수도 있다. 그래서 평소 신용관리가 중요하다. 정말 공동투자자가 모두 신용이 좋지 않다면, 함께 하지 않는 편이 나을 듯싶다.

여하튼 가장 신용 좋은 사람이 대출을 받았다면, 나머지 2명은 그에게 밥을 사고 술도 사서 섭섭하지 않게 해주어야 한다는 게 H

의 조언이다. 그의 덕으로 적어도 수십만 원에서 수백만 원의 이자를 덜 내기 때문이다.

개인 신용 관리법

평소 신용관리에 신경을 쓰지 않던 사람도 은행에 가서 대출을 받으려면 제일 아쉬운 게 신용등급이다. 개인신용등급이란 그 개인에게 돈을 빌려주었을 때 연체가 발생할 가능성을 수치화한 지표다. 이 지표는 신용거래 가능 여부나 금리 등 신용거래 조건을 결정하는 기준으로 활용된다.

신용등급을 결정하는 주요 기준은 금융거래 이력과 잘 상환했는지 여부다. 단순히 소득이나 재산이 많다고 해서 신용등급이 높아지진 않는다. 평소 은행 거래를 통한 연체 없는 성실한 납부와 상환이 신용등급을 올리는 지름길이다.

그러나 많은 사람들이 신용등급 관리방법에 대해 잘 알지 못하거나 관리 소홀로 신용등급이 하락한다. 신용등급이 하락하면 대출시 금리가 인상되니 손해다.

다음은 금융감독원에서 마련한 '올바른 개인신용등급 관리를 위해 챙겨야 할 10계명'이다. 이 10가지 지침이 절대적인 것은 아니지만 현명한 신용관리를 위해 알아두는 것이 좋겠다.

1. 인터넷과 전화 등을 통한 대출은 신중하게 결정하자

인터넷이나 전화 등을 통해 받은 대출 또는 현금서비스 등은 과거 부실률이 높게 나타나 신용조회회사가 위험도를 높게 평가하는 경우가 흔하다. 또한 비록 연체가 발생하지 않더라도 이러한 대출을 이용한 사실만으로 신용등급이 하락하는 사례가 많다. 긴급자금이 필요한 경우를 제외하고는 다소 불편하더라도 금융회사를 방문하여 일반대출을 이용하는 것이 좋다.

2. 건전한 신용거래 이력을 꾸준히 쌓아가자

개인신용등급은 개인의 과거 신용거래 실적과 현재 신용거래 내용에 대한 평가를 바탕으로 산출되기 때문에 신용거래가 거의 없는 금융소비자는 평가 근거가 부족해 좋은 신용등급을 받기 어렵다. 따라서 개인신용등급을 잘 받기 위해서는 연체 없는 대출거래, 신용카드 이용 등 신용거래 실적을 꾸준히 관리해야 한다.

3. 갚을 능력을 고려해 적정한 채무 규모를 설정하자

개인의 채무 규모가 과다하면 가계 운영에도 문제가 되겠지만 신용조회회사 또는 금융회사에서도 채무가 많은 채무자에 대해 연체위험이 상승한 것으로 평가해 개인신용등급이 하락할 가능성이 높다.

따라서 본인의 소득 규모나 지출 등을 감안해 감당할 수 있는 수준의 채무 규모를 설정하고 정해진 규모 안에서 대출과 신용카드 등을 이용하는 것이 좋다.

4. 주거래 금융회사를 정해 이용하자

주거래 금융회사를 정해 지속적으로 이용하면 해당 금융기관의 내부신용등급에 긍정적인 영향을 미칠 수 있다. 개인신용등급이 개선되면 해당 금융회사와 금융거래 시 우대금리를 적용받는다거나 일부 수수료가 면제되는 등 여러 혜택을 받을 수 있다.

5. 타인을 위한 보증은 가급적 피하자

타인을 위해 보증을 서면 보증내역이 신용조회회사에 보내져 개인신용등급에 반영된다. 이 경우 주채무자가 연체하지 않더라도 보증인의 개인신용등급이 하락하거나 이 때문에 대출한도가 줄어들 수 있다.

6. 주기적인 결제대금은 자동이체를 이용하자

카드 이용대금이나 통신요금 등은 소액이지만 그 연체횟수가 증가하면 개인신용등급이 하락할 수 있다. 소액연체는 개인의 부주의가 원인인 경우가 대다수다. 소액연체가 발생하지 않도록 자동이체 서비스를 적극적으로 활용하고 미리 통장잔액을 확인하자.

7. 연락처가 변경되면 반드시 거래금융회사에 통보하자

금융회사에서는 대출 금액이 연체될 경우 이를 고객에게 안내한다. 만일 주소나 이메일, 전화번호가 변경됐음에도 거래 금융회사에 알리지 않으면 연체가 발생하더라도 금융회사로부터 안내를 받지 못하는 상황이 발생할 수 있다. 따라서 주소·전화번호 등 주요 연락처가 변경되는 경우 이를 반드시 거래 금융회사에 통보해야 한다.

8. 소액이라도 절대 연체하지 말자

연체는 개인의 신용등급 평가에 가장 부정적인 영향을 미치는 요소다. 일단 소액이라도 연체가 발생하면 연체금액을 상환한 이후에도 일정 기간 개인신용등급 평가시 불이익 정보로 반영된다. 따라서 소액이라도 연체가 발생하지 않도록 유의해야 한다.

9. 연체를 상환할 때에는 오래된 것부터 상환하자

연체는 그 기간이 길수록 개인신용등급에 불리하게 작용하므로 여러 건의 연체가 있다면 가장 오래된 연체부터 상환한다.

10. 자신의 신용정보 현황을 자주 확인하자

본인의 개인신용등급은 신용조회회사에서 1년에 3회까지 무료로 확인할 수 있다. 2011년 10월 이후부터는 신용등급 조회 사실을 신용 평가에 반영하지 않도록 개선됐다.

신용등급별 특징

등급	구분	특징
1~2등급	최우량등급	오랜 신용거래 경력과 다양하고 우량한 신용거래 실적을 보유하고 있어 부실화 가능성이 매우 낮음
3~4등급	우량등급	활발한 신용거래 실적은 없으나, 꾸준하게 우량한 거래를 지속한다면 상위등급 진입이 가능하며 부실화 가능성은 낮은 수준임
5~6등급	일반등급	비교적 금리가 높은 금융업과의 거래가 있는 고객으로 단기연체 경험이 있으며 부실화 가능성은 일반적인 수준임
7~8등급	주의등급	비교적 금리가 높은 금융업권과의 거래가 많은 고객으로 단기연체의 경험을 비교적 많이 보유하고 있어 부실화 가능성이 높음
9~10등급	위험등급	현재 연체 중이거나 매우 심각한 연체의 경험을 보유하고 있어 부실화 가능성이 매우 높음

개인 신용등급 올리는 팁

긍정 요소	부정 요소
○ 성실한 대출금 상환이력 ○ 신용카드 사용금액 및 연체 없이 사용한 기간 ○ 연체대출금 상환 및 연체상환 후 경과기간 ○ 통신 및 공공요금 납부 실적(6개월 이상)	× 대출금 연체(10만 원 이상 대출금을 5영업일 이상 연체하는 경우) × 신규대출 및 대출건수 증가 × 은행 제외한 제2금융권 대출 이력 × 과도한 현금서비스 이용

본인의 신용등급은 금융위원회로부터 허가를 받은 신용조회회사에 접속해 확인할 수 있다. 신용조회회사로는 나이스평가정보, 코리아

크레딧뷰 등이 있다. 개인신용 관련 문의는 금융감독원의 '서민금융 1332(www.fss.or.kr/s1332)' 사이트나 '금융소비자정보포털 FINE(fine.fss.or.kr)'을 이용해 해결하면 된다.

주의도 필요하다. 최근 신용등급 조회가 가능하다며 가짜 금융회사 앱(APP)을 설치하게 한 후 이를 악용하는 사기가 늘고 있다. 가짜 금융회사 앱은 애초에 설치하는 않는 게 가장 안전하다.

매각과 보유,
삼자 합의의 좋은 점

"효창동 주택이요. 매각할 건가요? 보유할 건가요?"

매일 새로운 궁금증이 샘물처럼 솟아난다. 뒤늦게 소액 지분 참여를 결정한 나로서는 먼저 결성된 공동투자자 3인의 뜻을 따라가야 한다. 내 주장을 내세울 권리가 없다.

"3명 투자자 중에 2명이 합의하면 매각하기로 했어요."

"그래도 어느 정도 방향을 정해놓아야 하지 않을까요?"

"우리는 20% 수익을 목표로 하고 있어요. 각자 투자금의 20% 정도 수익이 나면 매각하기로요."

그렇지만 부동산은 팔고 싶어도 사려는 사람이 없으면 팔 수가 없다. 모든 물건이 그렇겠지만 금액이 상대적으로 큰 부동산은 더욱 그렇다. 여기에도 변수가 숨어 있는 셈이다.

"20% 수익은 욕심일 수도 있어요. 그렇지만 임대수익률을 4~5%

정도로 맞추면 가능하다고 봐요. 만약 사려는 사람이 없으면 그때는 보유하면 되는 거죠. 충분히 운영했다가 파는 것도 괜찮아요. 이 지역은 개발 가능성이 높기 때문에 지가 상승이 반드시 있을 거예요. 그렇지만 가장 이상적인 건 매각이죠."

공동투자로 개발한 부동산은 사실상 장기 보유가 어렵다. 여러 사람이 참여하다 보니 제각각 자산운영에 대한 계획이 다르기 때문이다. 어떤 이는 월세수입을 꼬박꼬박 받기를 원할 수도 있지만, 어떤 이는 수익금을 빼서 다른 일에 쓰고 싶을 수도 있다.

구성원 중에 장기 보유를 원하는 사람이 있다면, 그 사람이 나머지 투자자의 지분을 인수하는 방법도 있다. 그것이 불가능하다면 자기 고집을 내세워서는 안 된다.

"공동투자에서는 합의가 중요해요. 권리만 있는 게 아니라 의무도 있다는 걸 기억하세요. 무엇보다 다수결의 원칙을 따라야 해요."

"에효, 동업하기가 힘드네요."

"동업이 힘들다고 안 할 거예요? 혼자하면 안 힘드나요? 혼자 하겠다고 버티는 사이 눈앞에 다가온 기회는 사라지는 거예요."

그의 말은 일리가 있다. 대부분 사람들은 그렇다. 부동산중개사가 2억 원 정도는 들고 있어야 투자할 수 있다고 말하면 '열심히 벌어서 2억 원 만들어야지'라고 생각한다. 10년을 이를 악물고 아끼고 아껴서 마침내 2억 원을 만들어 그 돈을 부동산 사장에게 보란 듯이 내놓았더니 돌아오는 말이 절망적이다.

'이젠 2억 원 갖고 안 돼. 5억 원은 있어야지.'

우리는 눈앞의 기회를 흘려보내고 있는지도 모른다.

"아무래도 불안해요."

"뭐가 그렇게 불안하세요?"

"투자자 중에 누가 중간에 어깃장이라도 놓게 되면 일이 그르칠 수 있잖아요."

"투자합의서를 잘 쓰면 돼요. 합의서에 쓴 대로 진행하면 되는 거 예요."

용문동의 어느 카페에서 만난 H가 점퍼 속주머니에서 꺼내놓은 A4 종이 1장. '투자합의서'라고 쓰여 있고 내용 속 글자가 큼지막하고 성기다. 설마, 이렇게 간단해? 책 한 권 계약할 때도 깨알같이 쓰인 계약서가 5~6장씩 되던데, 수억, 수십 억짜리 투자를 위한 합의서가 이렇게 단출해도 되는 건가.

"처음 공동투자할 때는 투자합의서를 장황하게 만들었어요. 3명이 도장 찍는 데도 한참씩 걸렸죠. 그런데 여러 번 하다 보니 엑기스가 뭔지 알겠더라고요."

H가 내민 투자합의서는 군더더기 없는 요약본이라고 보면 되겠다.

맨 위에는 부동산 소재지, 즉 주소가 적혀 있다.

주소 아래에 1, 2, 3번으로 항목이 나뉘어 있다. 그 끝에 '매매시는 비용 공제 후 이익금은 3분의 1씩 분배하기로 한다. 위 투자자 3인은 위와 같이 서로 협약합니다.'라고 표기되어 있다.

그러고는 투자자 3명의 이름과 주민번호를 적고 서명도 해놓았다. 마지막은 날짜다.

"투자합의서가 안전장치예요. 법적효력도 있어서 만약 투자자 3명 중에 문제를 일으키는 사람이 있으면 이 합의서로 압류도 걸 수 있어요."

"합의서가 법적효력을 발휘하려면 공증을 서야 하지 않나요?"

"공증과 법적 효력은 연관이 없어요. 다만 합의서를 잃어버릴 수도 있고 누군가 수정할 수도 있으니까 공증을 서면 예방이 되긴 하겠죠. 그런데 저는 그렇게 하지 않아요. 한두 번 이상 함께 해본 사람들과 공동투자를 하니까요. 이제는 그럴 필요가 없어진 거죠."

H가 엑기스라고 말한 투자 합의서 내용을 살펴보자.

1번 항목에는 총 사업비용이 적혀 있다. 2번 항목에는 투자자 3명의 이름과 각자의 역할이 적혔다. 3번 항목에는 자금조달계획이 간단히 명시돼 있다.

1번 항목에서 총사업비용은 7억 9,000만 원(부가세 포함)이다. 총사업비용 밑에는 구체적인 비용이 나열된다. 부동산 매입대금이 6억 4,000만 원, 세입자 이사비용이 1,500만 원, 등기비용이 1,200만 원, 부동산중개 수수료가 300만 원, 공사비용이 1억 1,000만 원, 설계비가 1,000만 원이다. 이것들의 합이 7억 9,000만 원이다.

1. 사업비용

총사업비용 : 7억 9,000만 원(부가세 포함)

부동산 매입대금 : 6억 4,000만 원

세입자 이사 비용 : 1,500만 원

등기비용 : 1,200만 원

부동산 중개 수수료 : 300만 원

공사비용 : 1억 1,000만 원

설계비 : 1,000만 원

2번 항목을 보자. 투자자 3명이 어떤 역할을 하는지 특이사항을 적었다. 강○○는 부동산매매대금과 비용에 투자했고, 대출 3억 5,000만 원을 일으킨 대출자다. 신용이 가장 좋은 그가 주대출자가 됐다. '차주'라는 표현을 쓴다.

김○○은 부동산 매매 대금과 기타 비용에만 투자했다.
H는 시공 비용을 부담하기로 했다.

---

2. 투자자

　1. 강○○ : 부동산 매매 대금과 비용, 대출 3억 5,000만 원(차주)

　2. 김○○ : 부동산 매매 대금과 비용

　3. H : 시공 비용 부담

이번에는 3번 항목 자금조달계획이다. 총 7억 9,000만 원을 어떻게 조달하는지 보여주고 있다. 의아한 점은 투자자 3인의 투자비용이 각각 다른데, 합의서 끝에는 이익금을 3분의 1씩 배분하기로 협약하고 있는 점이다.

---

3. 자금조달 계획(7억 9,000만 원)

　은행대출 3억 5,000만 원(차주 강○○)

　투자자 강○○ : 1억 7,000만 원

　투자자 김○○ : 1억 7,000만 원

　투자자 H : 1억 1,000만 원(공사 비용)

"투자자가 똑같이 3분의 1씩 투자하지 않았는데, 이익 배분은 3분의 1씩 똑같네요? 이건 공평하지 않잖아요."

"3명이 똑같이 투자할 수도 있지만, 똑같지 않아도 합의를 하면 문제없어요. 비용을 조금 덜 낸 사람이 그만큼 공사라든가, 다른 부분에 기여하면 되거든요. 전문성이 있는 사람이 있다면 그 사람의 전문성을 인정해주는 거죠. 어떻게든 이 프로젝트가 성사되기를 바라는 사람이라면, 같이 하는 다른 투자자가 돈이 부족할 경우 더 내기도 하고요."

"합의서에 빠진 것이 있다면 무엇일까요?"

"만약 등기이전을 하기도 전에 건물을 단기 매각할 계획이라면 대출이자를 계산해서 합의서에 넣어야 해요."

이 한 장의 투자합의서를 뜯어보니 필요한 건 다 들었다. 법적 효력이 있다고 하니 안심이 된다.

이제 나는 H와 합의서를 써야 한다. H 지분의 일부에 투자했으니, 효창동 투자합의서를 첨부해서 나와 H의 합의 내용을 작성하면 된다.

"효창동 00번지 투자 합의서 내용에 따라, H가 분배받는 이익금 중 20%를 받기로 협약한다."

333 프로젝트 투자합의서에 들어가는 항목들

- 부동산 소재지 : 주소를 적는다.

- 총사업비용 : 10% 정도 넉넉히 잡는다.

 - 부동산 매입대금 : 부동산 매입 가격이다.

 - 세입자 이사 비용 : 계약 만기가 되지 않은 세입자에게는 이사비용을 지불해야 한다.

 - 등기비용 : 소유권이전등기를 위해 내야 하는 취득세와 등기에 드는 비용이다. 주택의 취득세율은 금액과 주택규모에 따라 1~3%로 달라진다. 인터넷 포털사이트에서 제공하는 '부동산취득세 계산기'를 활용하면 쉽게 알 수 있다.

 - 부동산 중개수수료 : 중개보수료는 법이 정한 한도액 범위 내에서 협의해서 정할 수 있다. 인터넷 포털사이트에서 제공하는 '부동산 중개 보수 계산기'를 활용하면 최대 중개보수를 미리 알 수 있다.

 - 공사비용 : 예상 공사비용을 적는다. 10% 정도는 여유 있게 설정한다.

 - 설계비용 : 설계비용은 면적이나 건물용도에 따라 차이가 난다.

 - 이자비용 : 단기매매일 경우 이자비용도 사업비용에 포함한다.

- 투자자 역할 분담

  - 투자자 이름과 각 투자자의 역할을 적는다.

- 자금조달 계획

  - 은행대출 : 은행대출을 받는 주대출자와 대출금액을 명기한다.

  - 각 투자자가 내는 투자금액을 정확히 적는다.

    (공동의 통장을 개설해서 모든 자금을 통장으로 받고 통장에서 내보낸

    다. 자금관리는 돈 흐름에 밝은 사람에게 맡기고 3자가 함께 확인한다)

- 수익배분

  - 투자자들이 이익을 어떻게 분배할 것인지 적는다.

  - 매각시기 등을 미리 합의해서 적어도 된다.

- 투자자 서명

  - 투자자의 이름과 주민번호 서명(도장)으로 마무리한다.

등기부등본을 열람했더니, 헉!

부동산 매입 대금(계약금, 중도금, 잔금)을 완료했고 투자합의서도 작성했더니 조금 여유가 생긴다. 집주인이 바뀌었으니 이젠 등기부등본을 한번 보고 싶은 마음이 들었다.

등기부등본(등기사항전부증명서)에는 토지, 주택 등 부동산을 누가 소유하고 있는지 기재해놓고 있다. 일종의 부동산 주민등록증이다. 잔금을 치렀으니 이제 소유자에 공동투자자의 이름이 떡 하니 올라 있을 것이다.

등기부등본은 인터넷등기소에서 열람할 수 있다. 소유주가 아닌 제3자도 얼마든지 보는 것은 자유다. 홈페이지에서 발급(출력)도 가능하다.

호기롭게 인터넷등기소를 클릭했다. 부동산등기 열람하기를 선택하니 보안 프로그램을 설치하라고 안내한다. 한 번에 설치가 되지 않고 애를 먹인다. 2,000만 원을 투자했는데 이 정도 인내심은 발휘해야지. 몇 번을 아등바등한 끝에 설치 완료. 다시 한번 부동산등기 열람하기를 선택하고 지번을 입력한 다음 검색을 클릭했더니, 열람 수수료 700원을 결제하란다.

'공짜가 없군. 앗! 이게 뭐야!'

> 주의사항 : 이 부동산은 근저당권말소사건(접수번호 제0000호), 근저당설정 사건(접수번호 제000호) 외 2건이 접수되어 처리 중에 있습니다.

컴퓨터 화면에 가득한 주의사항이 눈에 들어왔다. 하룻밤 사이 무슨 사건이 난 건가. 심장이 쫄깃해졌다.

"소장님, 이거 어떻게 된 거예요? 우리 주택이 사건처리 중인 부동산이래요!"

득달 같이 H에게 전화를 걸었다.

"걱정하지 마세요. 근저당 말소는 이미 했고요. 새로 근저당 설정하는 데 며칠 걸려요."

며칠 후 다시 검색해보면 될 일을 호들갑을 떨었다.

오늘처럼 등기부등본을 자세히 들여다본 건 첫 집을 매수할 때 이후 처음이다. 그때는 지은 지 7~8년차 아파트인 데다 소유주도 변동이 없었고 근저당마저 설정되어 있지 않았기 때문에 등기부등본이 아주 말끔했던 기억이 난다.

그런데 효창동은 건물 등기부등본만 5장이나 된다. 소유권자가 3번 바뀌었고, 경매를 개시했다가 취하한 기록도 있고 가압류도 있었다. 파란만장한 건물의 일생을 보는 듯해서 마음이 뭉클해졌다. 타인의 건물이라고 생각했다면 이렇게 몰입하지 않았을 것이다. 마치 내 건물이 된 듯 애착이 생긴다.

며칠 후 다시 인터넷등기소를 방문했다. 소유자가 우리 멤버로 바뀌어 있었다. 뿌듯하다.

등기부등본 vs 토지대장 vs 건축물대장 바로 알기

등기사항전부증명서(말소사항 포함) - 건물			

【 표 제 부 】 (건물의 표시)			
표시번호	접 수	소재지번 및 건물번호	건 물 내 역	등기원인 및 기타사항
1 (전1)	1995년12월20일	서울특별시 용산구 효창동 ○○	목조 초즙 평가건본가 건평 6평 부속 목조 초즙 평가건 남옥 건평 2평	도면편철장-18책제371장
				부동산등기법 제177조의 6 제1항의 규정에 의하여 2001년 05월 14일 전산이기
2		서울특별시 용산구 효창동 ○○	목조 초가지붕 단층주택 26.45㎡ 부속 목조 초가지붕 단층 남옥 6.6㎡	면적단위환산 2003년12월일 -등기
3		서울특별시 용산구 효창동 ○○ [도로명주소] 서울특별시 용산구 백범로 ○○	목조 초가지붕 단층주택 26.45㎡ 부속 목조 초가지붕 단층 남옥 6.6㎡	도로명주소 2012년7월20일 -등기
4	2018년2월7일	서울특별시 용산구 효창동 ○○ [도로명주소] 서울특별시 용산구 백범로 ○○	목조 초가지붕 단층주택 26.45㎡ 부속	신청착오

열람일시 : 2018년03월22일 13시36분01초   1/6

등기부등본

부동산을 구입하기 전, 전월세를 계약하기 전에 반드시 확인해야 하는 필수 서류가 바로 등기부등본이다. 등기부는 부동산(주택)에 대한 모든 역사와 권리가 기재된 공적인 장부다. 누가 어느 시점에서 부동산을 소유하고 점유하고 있는지를 알 수 있다.

부동산에 변동이 생기면 등기를 한다. 소유권을 이전할 때, 경매나 가압류가 발생할 때, 근저당이 설정될 때 등기를 해서 기록을 남기는 것이다. 그런데 이 등기부등본 보는 법도 잘 모르는 사람들이 많다.

등기부등본(등기사항전부증명서)은 건물과 토지로 나뉘며 각각 표제부, 갑구, 을구 등 세 부분으로 구성된다.

등기부등본 첫 장에 나오는 표제부에는 건물(토지) 소재지와 면적, 등기원인 등이 표시된다.

갑구로 넘어가면 소유권에 관한 사항이 기록되어 있다. 소유권 이전 시기와 소유자를 알 수 있다. 가압류등기나 경매개시등기도 이곳에 표시된다. 빨간 줄이 그어진 것은 말소된 사항이다.

마지막 부분이 을구다. 여기서는 소유권 외의 권리를 알려준다. 한마디로 근저당 설정과 말소 여부가 을구에 표현된다.

토지대장

토지대장은 토지의 소재 · 지번 · 지목 · 면적, 소유자의 주소 · 주민등록번호 · 성명 또는 명칭 등을 등록하여 토지의 상황을 명확하게 하는 장부를 말한다. 토지의 사실상의 상황을 명확하게 하기 위해 만들어진 장부다. 등기소에서 관리하는 토지등기부등본과는 구별된다. 토지대장은 시장·군수가 보관하며 인터넷등기소가 아닌 민원24에서 발급할 수 있다. 직접 시·군·구청이나 읍·면·동사무소에 가서 발급받아도 된다.

토지대장과 토지등기부등본은 기재 내용이 일치되어야 한다. 그러나 같은 토지임에도 다르게 기재되는 경우가 있다. 토지대장은 부동산의 물리적 현황을 중심으로 공시하는 제도이고, 등기부등본은 권리관계를 중심으로 공시하는 제도로, 토지 관리가 이원화되면서 상호간에 불일치가 발생하는 일이 생긴다. 이럴 때는 토지대장의 내용이 우선한다.

건축물대장

등기부등본을 확인한 후, 건축물대장도 함께 확인해야 한다. 건축물대장이란 건축물의 위치·면적·구조·용도·층수 등 건축물의 표시에 관한 사항과 건축물 소유자의 성명·주소·소유권 지분 등 소유자 현황에 관한 사항을 등록하여 관리하는 대장을 말한다.

건축물대장이 있다는 것은 건축법에 따라 사용승인서를 받거나 건축허가를 받았다는 얘기다. 따라서 합법적인 건물이다.

고치기도 전에
부동산에 내놓는 이유

"오늘 부동산에 건물 내놨어요."

무슨 봉창 두드리는 소린가. 아직 등기부등본에 잉크도 마르지 않았는데, 매물로 내놓았다고?

"사겠다고 하는 사람이 나타나면 입주하기도 전에 팔 수도 있어요. 지금 내놓으나 나중에 내놓으나 마찬가지잖아요."

이렇게 말하는 H의 속내는 다른 데 있는 듯싶다. 부동산이 어떻게 반응하는지 보려는 거 아닐까. 면목동 게스트하우스처럼 부동산 중개업자들이 이렇게 말할지도 모른다.

"셰어하우스가 뭐야. 원룸으로 개조해. 불법이라도 월세 받으려면 어쩔 수 없어."

셰어하우스를 들이면 망할 거라고 모두가 입을 모았던 면목동에서 H는 보란 듯이 셰어하우스 12실을 세입자로 가득 채웠다. 12실의 월 임대료가 700만 원에 육박한다. 효창동에는 아직 셰어하우스 같은 건 없다. 셰어하우스 임대 경험이 없는 공인중개사들은 셰어하우스 특성을 이해하지 못한다. H는 일찌감치 셰어하우스의 존재를 알려 분위기를 잡아보려는 것이지 싶다.

그렇다고 해도 매각은 이르다. 집이 근사하게 변신한 모습을 보고 싶다. 어떤 세입자가 들어와서 오순도순 살아가는지도 보고 싶다. 내가 등기에 이름을 올린 소유주는 아니어도 개발과정에 함께한 투자자로서 '집이 좋다'는 소리 한번 듣고 싶다.

집을 비워야 하는데
월세방 세입자를 어쩌나

"우리 언제 공사 시작해요?"

H와 얼굴만 맞대면 질문이 쏟아진다.

"세입자가 나가야죠."

"네? 며칠 전 잔금을 치렀다고 했잖아요? 주인이 바뀌었는데 왜 남아 있는 거예요?"

"기존에 살던 3가구가 있어요. 임대계약기간이 만료되기 전이기 때문에 우리가 이사비용과 부동산 중개보수를 줘서 내보내야 하거든요."

아, 합의서에 적혀 있던 세입자 이사비용이 이런 용도로 쓰이는 거구나. 효창동 프로젝트 합의서에 보면 이사비용 1,500만 원이 명시되어 있다. 비용이 왜 이리 많나 싶었는데 3가구에게 모두 이사비용을 내주어야 했던 것이다.

"이사비용은 부동산중개소와 상의해서 잡은 거예요. 두 집은 250만 원씩 받고 이삿날을 잡았는데, 할머니 사시는 한 집이 아직 협상이 안 됐어요."

일명 명도 비용이다. 명도란 건물을 비워 넘겨준다는 의미로 경매에서 쓰인다. 경매를 통해 부동산을 낙찰받고 대금을 지급한 후에 인도명령 대상자(세입자)가 부동산의 인도를 거절하면 매수인이 부동산을 명도해달라고 소송도 제기한다.

"나머지 1,000만 원은 할머니께 드릴 건가요?"

"추가 금액이 들더라도 세입자를 모두 내보내고 공사를 하는 게 낫죠. 버티던 세입자도 계약이 종료되는 시점에는 이사를 해야 하니까 조금 앞당겨서 비용을 받고 나가는 게 이익이에요."

H의 경험에 따르면 주택은 그나마 세입자 이사 내보내기가 쉽단다. 하지만 상가는 다르다. 영업을 하고 있는 상가는 이사비용 책정이 매우 까다롭고 명도에만 몇 년씩 걸리는 곳이 있기 때문에 초보 투자자는 상가 낀 건물 매입에 신중해야 한다고 덧붙인다.

"그럼 어떻게 하나요? 날씨 풀리면 공사를 시작해야 할 텐데…"

"할머니가 갈 데가 없대요. 구정연휴 끝나고 다시 얘기해봐야죠."

인정상 이 겨울에 이사를 재촉할 수는 없다. 더구나 임대계약기간도 아직 남아 있다. 갑자기 집주인이 바뀌고 나가라 하면 그 누구라도 억울하다. 이사비용을 넉넉히 보조해주는 것으로 할머니의 심정을 위로하고 잘 마무리하는 편이 좋겠다 싶다.

명도 관련 알아두면 좋을 사항들

주택이나 건물을 소유한 사람들이 가장 두렵다고 하는 게 바로 명도다. 명도란 권한 없이 타인의 토지, 건물 등을 점유하고 있는 자를 상대로 토지와 건물 등의 인도를 구하는 것이다.

예를 들어, 임차인이 월세를 내지 않으면서 집을 비우지 않는 경우나, 내 땅을 불법으로 점유한 채 버티는 경우에도 부득이 명도소송을 제기할 수밖에 없다.

명도소송을 제기한 후 승소판결문을 근거로 명도집행을 해 임차인을 내보내게 된다. 소송에서 진 임차인은 집주인에게 집을 돌려주어야하고, 밀린 월세도 지급해야 하고, 월세에 대한 이자도 지급해야 한다. 그밖에 소송비용도 부담하게 될 수 있다.

아직 임차인의 계약기간이 남아 있는데도 불구하고 집을 비워달라고해야 하는 경우는 다르다. 집주인이 이사비용과 중개수수료 등을 주어야 하고, 그래도 비워주지 않으면 금액을 더 올려서 협상해야 한다. 아니면 계약이 만료될 때까지 기다렸다가 더 이상 계약을 연장하지 않겠다는 뜻을 전하면 된다.

문제는 지나친 이사비용을 요구하는 세입자와 이사비용을 주지 않으려는 집주인 사이에 종종 발생한다. 공동투자자들이 자금계획을 세울 때 기존 임차인의 이사비용을 사전에 고려해야 하는 이유다.

특히 상가가 있는 건물은 명도가 어려울 수 있다. 상가는 권리금과 인테리어 비용 등을 회수하려 하기 때문에 명도가 어려울 수 있다는 점을 알아두어야 한다.

"임대사업자 등록 하는 게 나을까요?"

"벌써 했죠."

"네? 벌써요? 언제 저도 모르는 사이에….'

"이런! 대출받을 때 이미 했어요. 임대사업자로 등록해서 사업자
대출을 받은 거예요. 사업자대출을 받아야 대출금도 많이 나와요."

"그러셨구나!"

"우리처럼 6억 원가량 되는 주택을 사면서 3억 5,000만 원을 대출
받기란 불가능해요. 아파트는 몰라도 단독주택은 방 개수 다 제외
하고 나면 절반도 못 받아요. 사업자대출을 받았으니 가능한 거죠."

그제서야 무릎을 쳤다. 이 주택에 대출금이 많던 게 그 이유로군!

친정엄마가 7~8년 전 단독주택을 매입할 때 예상보다 대출금이
적게 나와 고생했던 기억이 있다.

대지 29평에 앉은 4억 원짜리 다가구주택이었는데, 방이 무려 9개나 됐다. 방 개수만큼 금액을 제외(방 공제)하고 전세보증금까지 빼고 나니 대출가능금액은 6,000만 원 남짓이었다. 턱없이 부족했다. 결국 제2금융권을 찾아가서 1% 더 높은 금리를 지불하고 1억 원가량 대출을 받았다.

그런데 이 집은 3억 5,000만 원이나 대출을 받았다. 매매가의 50% 이상이니 성공적이다.

"요즘은 임대사업자로 등록하는 분위기예요. 만약 의무기간을 못 채우고 매각하더라도 임대사업자를 다음 건물주에게 승계할 수 있거든요."

최근 정부가 임대주택 등록을 활성화하기 위해서 임대사업자 등록시 다양한 혜택을 주겠다고 나섰다. 장기 임대하면 양도소득세도 절세할 수 있고, 재산세도 감면받을 수 있다. 만약의 경우 5년 내지 8년이라는 의무임대기간을 못 채우고 팔아도 임대사업자등록증을 새 주인에게 넘겨주면 그동안 받은 혜택을 돌려주지 않아도 된다는 얘기다.

"임대사업자가 싫으면 주택신축판매업자로 등록하면 돼요."

주택신축판매업자로 등록하면 양도소득세를 내지 않고, 종합소득세를 내야 한다. 장기간 보유하면서 임대수입을 목표로 한다면 임대사업자로 등록하는 게 유리하지만, 매각을 통해 단기수입을 얻고자 한다면 양도소득세로부터 자유로운 주택신축판매업자로 등록하는 게 유리하겠다.

또 판매를 목적으로 지은 주택이므로 보유주택 수에 포함되지 않아 다주택자가 되지도 않는다. 미분양이 발생해 일시적으로 임대를 하는 것도 가능하다.

"건물주가 되려면 임대사업자가 될지, 주택신축판매업자가 될지, 잘 생각해서 결정해야겠네요."

"임대사업자로 등록하지 않고 음지에서 임대업을 할 수도 있어요. 하지만 앞으로는 양도세 때문에 임대사업자로 등록하는 사람이 많을 거예요."

임대사업자 등록과 세금

임대사업자 등록 절차

단독 또는 공동주택을 1호(1세대) 이상 소유하거나, 분양·매매·건설 등을 통해 주택을 소유할 예정인 사람은 누구나 임대하려는 주택을 등록할 수 있다.

등록이 제한되는 주택의 유형은 없다. 본인이 거주하는 다가구주택도 가능하며 단독주택, 전용면적 85m^2 이하의 주거용 오피스텔, 공동주택(아파트) 등이 가능하다. 다만 본인이 거주하는 아파트나 단독주택은 제외다. 독립적으로 임대할 수 있는 세대가 있는 건물만 등록임대가 가능하다.

무허가주택, 비주거용 오피스텔, 전용면적 85m²이상의 주거용 오피스텔도 등록할 수 없다.

임대사업자 등록은 사업자 주소지가 있는 시·군·구청에서 신청한다. 기존 건물을 그대로 쓰거나 리모델링을 할 예정이라면 매매계약서만 들고 가도 등록해준다. 신축건물의 경우에는 건축인허가서가 있어야 임대사업자로 등록할 수 있다.

등록한 임대주택은 임대의무기간이 생긴다. 의무기간 중간에 매각을 하면 과태료가 부과되므로 주의해야 한다.

임대사업자로 등록할 때는 임대의무기간을 선택해야 한다. 4년 단기 임대가 있고, 8년 준공공임대가 있다. 등록한 임대주택은 임대의무기간 동안 연 5% 이내에서 임대료를 올려야 한다.

건물을 매입하면서 기존 건물주가 낸 임대사업자등록을 승계하기도 한다. 승계를 원하면 계약서에 승계한다는 내용도 적는다. 다만 임대사업자가 바뀌면 구청에 가서 신고해야 한다. 이 건물의 임대사업자 신분을 확인하기 위해서다.

구청에는 매매계약서를 쓴 다음이나 건축 인허가증이 나온 이후에 방문한다. 만약 매매계약서를 쓰고 주택임대사업자 등록도 마쳤는데, 어떤 이유로 끝내 잔금을 치르지 못했다면 등록증을 반납하면 된다.

이런 경우도 있다. 주택을 매입하면서 임대사업자를 승계하지 않으면 이전 건물주는 그동안 감면 받았던 세금을 모두 반납해야 한다.

주택 임대사업자 등록시 세금 혜택

주택을 임대하면 발생하는 다양한 세금이 있다. 그런데 주택임대사업자로 등록하면 다양한 세금을 감면 받을 수 있다. 물론 정해진 기간 동안 임대사업을 유지해야 하는 의무가 따른다.

임대사업자로 등록해서 임대를 하다가 기한을 채우지 못하고 등록증을 반납하면 그동안 받았던 세제 혜택은 모두 되돌려줘야 한다. 따라서 단기간 내 매각을 고려하고 있다면 임대사업자를 내지 않는 편이 나을 수도 있다.

임대사업자로 등록할 경우 혜택은 개인마다 다르다. 만약 일반 근로자가 2채 정도 임대한다면 등록하는 편이 유리할 수 있다. 그러나 9억 원 이상의 고가 주택이나 매각 예정인 주택의 경우에는 등록할 경우 불리하다. 세제 혜택을 받을 수 없기 때문이다.

등록한 임대사업자가 받는 가장 큰 혜택은 매각시 발생하는 시세차익에 매기는 양도소득세 중과배제 혜택이다.

2018년 4월 1일부터 다주택자는 더 많은 양도소득세를 내야 한다(단, 이 법은 조정대상지역과 투기지역에 한해 적용된다).

양도세 기본세율이 6~24%인데, 4월 1일부터 이들 지역의 2주택자는 10%p, 3주택자는 20%p 추가된 양도세를 내야 한다. 서울과 부산 등 조정대상지역의 집은 다른 지역의 집보다 양도세를 더 많이 내야 하는 것이다.

2018년 4월 1일부터 등록 임대사업자는 8년 이상 임대하면 중과대상에서 배제된다. 또한 장기보유특별공제 혜택도 임대사업자로 등록해서 8년 이상 보유해야만 받을 수 있다.

임대사업자로 등록하면 매년 내야 하는 종합부동산세 대상에서 제외되는 이점도 있다. 종합부동산세는 개인을 기준으로 부동산(토지, 건

주택 임대사업자 등록 혜택

구분	세금 혜택	의무 규정
취득세	전용 60m^2 이하 면제(신규 분양 주택에만 적용)	• 일반임대 : 4년 이상 임대 • 준공공임대 : 8년 이상 임대
재산세	2채 이상 등록시 감면 (2019년부터 1채 등록시에도 감면)	• 일반임대 : 4년 이상 임대 • 준공공임대 : 8년 이상 임대
임대소득세	전용 85m^2 이하, 공시가 6억 원 이하 감면	• 일반임대 : 4년 이상 임대 • 준공공임대 : 8년 이상 임대
종합부동산세	수도권 공시가 6억 원, 비수도권 공시가 3억 원 이하는 주택수에서 제외	• 5년 이상 임대
양도소득세	거주 주택 양도시 주택수를 계산할 때 등록 임대주택은 제외	• 거주 주택 양도시 : 5년 이상 임대시 양도세 감면 • 임대주택 양도시 : 장기보유특별공제 추가 공제는 일반임대 6년 이상, 준공공임대 8년 이상 임대. 양도소득세 감면은 준공공임대 10년 이상

물 등)을 합산해서 9억 원 이상이면 그 이상 금액에 대한 세금을 내는 것을 말한다.

다주택자가 임대사업자로 등록하면 종합부동산세 평가금액에서 임대주택을 제외시켜준다. 다만 8년 이상 임대해야 한다. 나중에 의무기간을 지키지 않으면 국가에서는 그동안 내지 않은 종합부동산세를 정산해서 다시 가져간다.

재산세(보유세) 혜택도 있다. 2018년 말까지는 임대주택을 2채 이상 등록한 경우만 재산세 감면 혜택을 주는데, 2019년부터는 1채만 임대주택으로 등록해도 재산세를 감면해준다.

단기임대사업자의 경우, 전용면적 60m² 이하 임대주택은 재산세를 50% 감면받고, 전용면적 60~85m² 이하 임대주택은 재산세 25%를 감면 받는다.

준공공임대사업자의 경우에는 감면혜택이 커진다. 전용면적 60m² 이하는 재산세를 무려 75%나 감면 받는다. 전용면적 60~85m² 임대주택은 50% 감면이 적용된다.

2019년부터는 다가구주택도 재산세 감면 대상이 된다. 다만 다가구주택의 경우 원룸 1실의 면적이 40m² 이하여야 혜택 대상이 된다. 집주인이 사는 면적은 40m²가 넘어도 상관없다.

재산세 감면제도는 2021년까지 3년 동안 한시적으로 운영된다. 혜택연장 운영 여부는 2021년이 되어 봐야 알 수 있다.

주택을 임대하면 주택임대소득세를 내야 한다. 임대사업자 등록을 하지 않은 사람들도 임대소득세가 발생한다. 그런데 임대사업자로 등록하면 혜택이 있다. 필요경비율(임대소득에서 비용을 제외하고 세금을 부과하는 비율)을 60%에서 70%로 올려주고, 30% 대해서만 임대소득세를 부과한다.

임대사업자로 등록하지 않으면 필요경비율 50%만 적용한다. 임대사업자로 등록해야 공제율이 높아진다.

임대사업자 등록 시 임대소득세 납부 금액 개선

(단위:연간)

임대소득	현재 기준		개 선 (2019년부터 적용)	
	등록	미등록	등록	미등록
1,000만 원	0원	0원	0원	14만 원
1,500만 원	7만 원	28만 원	2만 원	49만 원
2,000만 원	14만 원	56만 원	7만 원	84만 원

*8년 임대시

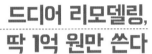

드디어 리모델링, 딱 1억 원만 쓴다

3월 1일, 효창동으로 모이라는 호출이 왔다. 시공자가 섭외됐다는 것이다.

"다섯 번째 시도 끝에 찾은 시공자예요."

H가 어렵사리 시공자를 구했다. 작은 리모델링 공사를 할 때는 시공자 찾기가 하늘의 별따기란다. 공사금액이 적어서 이윤이 별로 없기 때문에 실력 있는 시공사를 섭외하기 어렵다고 한다. 특히 리모델링은 더 그렇다.

"잘못하면 시공사가 한 푼도 못 남겨요. 영세업자들은 집을 뜯어보니 이거 장난 아닌데 하면서 도망가기도 해요."

공사비가 7~8억 원씩 나오는 상가주택은 건축주가 갑이다. 적어도 계약서에 도장을 찍기 전까지는. 공개 입찰도 하고 계약서에 요구조건도 줄줄이 달아둔다. 그런데 우리 같은 1억 원짜리 공사는 계약서는커녕 말 붙이기도 힘들다.

"우리는 리모델링 비용으로 딱 1억 원만 쓸 거예요."

사실 1억 원도 작은 비용은 아니다. 이 집의 사용 면적이 약 33평 남짓하니까, 평당 300만 원은 쓰는 셈이다. 신축도 400만 원이면 할 수 있으니 신축이나 리모델링이나 대단히 큰 차이는 아니다. 그런데 전체 비용이 낮다 보니 시공사 이윤 폭이 적은 것이다.

"공사비도 외상은 안 돼요. 공정 끝나는 대로 재깍재깍 줘야 해요."

"계약금, 기성금, 잔금 순서대로 주면 되지 않나요?"

"큰 공사나 그렇죠. 작은 공사일수록 공정이 끝날 때마다 비용 지급을 잘 해야 해요."

시공을 맡기로 한 사장은 50대쯤 되어 보였다. 이 동네에서 오랫동안 집수리를 해왔단다. 말로는 못하는 게 없어 보인다. 그런데 이렇게 말이 많은 업자는 조심해야 한다. 계약하기 전에는 뭐든지 다 된다고 했다가 시공이 시작되면 그때부터는 못한다고 발뺌하며 금액을 자꾸 올린다.

어쨌든 우리는 동네 수리업자의 등장에 일단 안도했다. 시작은 해볼 수 있으니까.

전국의 숱한 현장을 다니며 감리를 했던 H의 노련함으로 동네 사장님을 잘 이끌어가며 공사를 마무리할 수 있을 것이라고 믿기로 했다.

방 2개, 화장실 1개, 주방이 있는 구조다.

골목길에서 문을 열면 바로 실내다. 이 문은 창문으로, 현관문은 측면에 새로 만들어 사생활을 보호한다.

창호는 모두 시스템 창호로 교체한다. 작은 창은 폭을 넓히지 않고 위아래 길이를 늘려 환기와 채광을 원활하게 만든다.

"사장님, 절대 벽을 건드리거나 뚫으면 안 돼요. 창문도 세로로 확장할 거예요."

"이거 깨면 벽에 문제 생기겠어요."

"그러니까요. 창문 좌우 벽은 절대 건드리시면 안 돼요."

H는 사장을 이끌고 1층 밖에서, 내부로, 2층으로 샅샅이 돌아다니며 고칠 부위를 점검했다. 수리업자도 자기 의견을 내놓는다. 몇 해 전에 H가 설계해서 고쳐놓은 집을 가보니, 초음파기기를 들고와 벽체에 대고 철근량도 파악하고 콘크리트의 밀도도 측정하던데, 이 집은 그런 과정이 생략됐다.

"소장님, 구조진단 같은 거 안 해요?"

"진단해서 보강하려면 보강공사비만 3,000만 원 나와요. 벽을 건드리지 않을 거니까 굳이 보강을 안 해도 되고요."

공사비 1억 원으로 단열재도 붙이고 방바닥 온돌도 새로 깔기로 했다. 모든 창호는 시스템 창호로 교체하고, 외장재도 새로 한다. 따라서 3,000만 원을 보강공사비에 쓴다면 곤란한 일이겠다.

"8,000만 원에 견적 내서 보내주세요."

엇? 1억 원에 공사한다고 했는데!

H는 동네 집수리 사장에게 8,000만 원을 얘기한다. 사장이 돌아가 후, H가 들려준 말에 실소하고 말았다.

"결국은 1억 원이 될 거니까, 처음에는 낮춰 불러요. 일단 8,000만 원에 하고 추가되는 건 인정해주면 되는 거죠."

"그런데요. 계약이행증권 이런 거 끊어야죠. 저 업자를 어떻게 믿고 맡겨요. 1억 원이면 우리에겐 큰돈인데."

"그래야죠. 그런데 사업자등록증이 없을 수도 있어요."

"네? 사고 나면 어쩌려고…."

아무리 시공자 구하기가 어렵다고 해도 이건 아니지 않나. 정말 일하다 도망가면 어쩌려고. 집짓다가 홀연히 잠적을 감춰버리는 시공업자 얘기를 들은 적이 있다. 돈을 줘도 도망갈 사람은 도망간다. 내가 돈을 못 줘서가 아니라, 다른 현장에서 돈을 받지 못한 게 도미노처럼 밀려와서 내 집의 공사를 중단하는 일이 벌어진다. 그래서 건축주들은 시공사가 보험사에서 발행해온 계약이행증권을 받은 다음 계약금을 건네준다.

"그럼 계약이행증권 발행을 안 하실 거예요?"

"증권을 발행한다고 아무 문제가 없는 것도 아니에요. 계약금 3,000만 원 받고 하루 일하고 다음날 잠적하는 경우도 있어요. 하루라도 일했으면 사기가 아닌 거예요. 공사지연일 뿐이에요. 고발이라도 하면 내일부터 하겠다고 나타나요. 그런데 그 금액에는 못하겠다고 하면서 비용을 올리죠."

진퇴양난이다. 우리는 1억 원에 공사해줄 일꾼이 필요하다. 저 사람을 구슬려서라도 미션을 마무리해야 한다.

"정 불안하다면 이행각서라도 써놓기로 하죠. 이행각서도 효력이 있어요."

사실 우리나라 건축주에게는 완벽한 안전장치가 없다. 집수리업자들이 사업자등록을 하지 않는 가장 큰 이유는 부가가치세 때문이다. 소비자도 수리업자도 10%를 내기 싫어하는 건 마찬가지다.

"부가가치세를 높게 매기니까 사업자들이 숨기 바빠요. 부가세를 한 3% 정도만 내게 하거나 아니면 건물 용도에 따라 다르게 매겨야죠. 작은 건물이나 큰 건물이나 다 10%를 매기니 작은 공사 하면 남는 게 없죠. 남기려니 부실시공 유혹을 받게 되는 거구요. 결국 소비자만 손해예요. 그런데 정부는 이런 일에는 관심이 없어요."

1억 원짜리 공사에 1,000만 원을 부가세로 내야 한다니. 안 그래도 남겨 먹을 게 없는 공사인데 배보다 배꼽이 더 커 보인다.

부가세를 용도별로 세분화하고 음지에 있는 집수리업자를 양성화해서 정당하게 세금을 내게 유도하는 게 맞을 것 같다.

설계비는 1,000만 원으로 책정됐다. H가 설계를 맡았다. 그런데 도면을 한 달째 붙잡고 있다. 만날 때마다 새 도면을 내민다. 이렇게도 고쳐보고 저렇게도 고쳐보고, 3번을 고쳤다. 그 이유는 공사비 때문이다. 공사비를 1억 원에 맞추기 위해 설계를 조정했다. 설계자의 마음 같아서는 구조도 바꾸고 싶지만 구조보강공사만 수천만 원이 든다.

구조 변경을 포기하고 다시 평면을 그린다. 이렇게 설계도와 시름하는 것을 보니, 1,000만 원이라는 비용이 아깝지 않다.

"사람들이 착각하는 게 있어요. 건물이 작다고 설계비를 적게 주려해요. 작은 건물이나 큰 건물이나 구성 요소가 같고 고민하는 것도 같은데 말이에요."

보통 건물주는 설계비를 평당 얼마로 계산한다. 평당 10만 원이라고 하면 30평이니까 300만 원이면 되겠다고 생각한다. 그리고 리모델링 비용도 평당 200만 원이면 충분하다고 생각한다. 그러면서 30평이니까 6,000만 원이라고 예산을 잡아둔다. 실제는 전혀 그렇지 않다. 막상 일을 시작해보면 설계비와 시공비가 몇 배씩 늘어난다.

시공자와 집을 다 둘러보고 나오는데, 1층에 사시는 할머니가 쫓아 나온다.

"여기 새 주인이우? 나 여기서 8년 살았어. 7월 7일이 만기인데 더 있을 수도 있어. 돈이 없어서."

내가 주인인 줄 알고 할머니는 볼멘소리를 한다. 어찌 들으니 협박 같기도 하다. 7월 7일에 임대기간이 끝나면 집을 비워주면 될 일이다. 그런데 더 있을 수 있다고 겁을 준다.

H는 할머니가 요구한 이사비용 1,000만 원은 아무래도 과하다고 생각했나 보다. 할머니께 7월 7일까지 살고 나가시라고 통보했다. 버티는 할머니 앞에서 맞불작전을 펼치는구나. 결론은 어떻게 될지 아직 모른다.

• 변경 전 도면

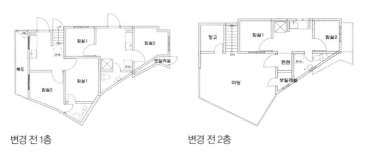

변경 전 1층   변경 전 2층

• 변경 후 도면

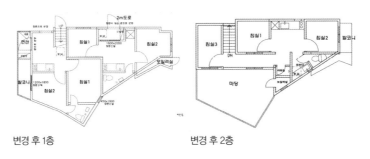

변경 후 1층   변경 후 2층

삽도 안 들었는데
매수자가 나타났다

"우리 건물을 사겠다는 사람들이 나타났어요."

"벌써요?"

시공자와 미팅이 있은 후, H가 전화를 걸어왔다. 몇 주 전 이제 막 등기 이전을 마친 건물을 부동산중개소에 내놓았다고 했었다. 거짓말처럼 매수 희망자가 나타났다. 우리처럼 이 건물의 가치를 알아보는 사람이 있는 것 같아 흥분됐다.

"어떤 사람들이에요?"

"30대 후반의 젊은 사람들이에요. 이 건물을 어떻게 고쳐서 임대할지 얘기해주니까, 당장 팔라고 매달리네요."

경기도 동탄에서 왔다는 젊은 사람들은 셋, 친구 사이다. 동탄신도시에 땅을 마련해 집을 짓고 이웃으로 살고 있다고 했다. 3명의 친구가 용산까지 온 목적이 우리와 비슷했다.

그들은 총 8억 원의 투자금을 모았다. 그리고 월세수입이 나오는 건물을 물색하러 서울까지 오게 됐다. 8억 원을 두 건물에 나누어 투자할 계획이다. H는 8억 원이면 강남에 가서 꼬마빌딩에 투자할 것을 권했다. 그러나 3명의 젊은 친구들은 작은 것부터 시작하겠다고 버텼다.

　"그렇게 매수하고 싶으면 10억 원에 사라고 그랬어요. 그런데도 깎아달라고 하면서 물러나질 않네요."

　H의 목소리에 고민이 실렸다. 여하튼 매각 제안이 들어왔으니 혼자 결정하거나 무시해버릴 일이 아니다. 다른 투자자들에게 알리고 의논을 해야 한다.

　이러다 건물의 완성도 보지 못한 채 다른 주인에게 소유권을 넘기게 될까봐 내심 아쉬웠다.

　"계약금부터 걸어놓고 리모델링이 모두 끝나면 그때 등기 이전을 하겠다네요. 자기들 집을 지을 때 무척 힘들었다면서요."

드디어
철거하는 날

"이번 주말 철거 시작해요."

애타게 기다리던 전화가 걸려왔다.

날씨가 제법 따뜻해졌다. 3월 둘째 주, 토요일 정오에 도착해보니 건물 2층 마당에 봄볕이 쏟아진다. 주변 집들이 높지 않으니 그런대로 빛이 들어서고 바람도 드나든다.

그런데 지금껏 살아온 세입자들은 집터의 장점을 제대로 누리지 못한 듯싶다.

"이런, 바닥에 물기가 많이 올라와 있네요."

1층의 장판을 걷어내니 바닥이 축축하게 젖어 있다. 눈으로 물기가 확인될 정도니 사는 사람들은 눅눅함을 느끼고도 남음이다.

"방통을 새로 해야 해요."

방통이란 바닥 난방공사를 뜻한다. 보일러관(엑셀파이프)을 새로 설치하는 것이다. 바닥에서 올라오는 습기는 사람에게만 영향을 주는 게 아니라 건물에도 영향을 준다. 건물이 습하면 여기저기 고장이 나게 되어 있다.

"바닥에 비닐을 깔고요. 그 위에 50mm 단열재를 덮고 난 후에 엑셀파이프를 설치해요. 마지막으로 시멘트 부어서 마무리하는 거죠."

지금 짓는 건물들은 바닥에도 방수와 단열공사를 철저히 한다. 그러나 이 건물은 수십 년 전 지은 건물이다. 큰 기대를 하진 않았지만 그동안 눅눅하고 습한 환경에서 살았을 사람들이 생각나 마음이 짠하다.

"화장실 방수를 다시 할까요? 지금 새지는 않아요."

시공자는 설계자와 건축주들의 의향을 묻는다.

"이번 기회에 다시 하세요. 건물 지을 때 단열, 방수, 습기차단, 3가지는 철저히 해결해야 해요. 그렇게 기본을 잘 만드느라 공사비가 모자라게 된다면 저렴한 마감재를 붙이면 돼요. 마감재는 나중에 다시 바꾸면 되니까요."

운동선수에게만 기본기가 중요한 게 아니라, 건물도 기본기를 잘 만들어주어야 한다는 게 H의 지론이다. 사실 바닥 방통공사만도 1,000만 원이 든다. 공사비 1억 원 가운데 10분의 1을 바닥을 새로 까는 데 써야 한다. 하지만 그 금액을 아끼겠다고 생략했다가는 나중에는 정말 손대기 힘들 정도로 몹쓸 건물이 되어 버린다.

벽은 그런대로 튼튼하다. 그래도 구조벽은 건드리지 않기로 했다. 구조벽을 철거하거나 절단할 경우 건물에 어떤 영향을 미칠지 알 수 없다. 애초에 구조진단을 해서 설계에 반영하지 않는 이상 구조벽은 건드리지 말아야 한다.

H는 벽에다 일일이 선을 그어주었다. 시공자에게 철거하는 부분을 명확히 알려주는 것이다.

"창은 세로로 길게 낼 거예요."

이 집의 창은 요즘 트렌드와 달리 매우 작다. 어떤 방은 창이 하나도 없어서 불을 끄면 암흑이 된다. 공기도 통하지 않는 답답한 방이다. 그래서 있는 창은 키우고 필요 없는 창은 막고 필요한 곳엔 창을 새로 뚫기로 했다.

"창을 옆으로 길게 내면 안 되나요? 꼭 세로로 내는 이유라도?"

"최대한 안전하게 리모델링해야죠. 창문 위아래 벽에는 가운데가 텅 빈 블록이 쌓여 있어요. 털어내도 구조에 영향이 없는 벽이죠."

창문을 가로로 확장하려면 구조벽을 잘라내야 하는데, 구조벽을 건드는 건 위험하므로 세로 확장을 선택했다.

길가에 나앉은 듯 자리한 출입문의 위치도 바꾸기로 했다.

"문을 열었을 때 내 집안이 밖에서 훤히 보이는 걸 좋아할 사람은 없죠. 시선을 차단시켜 주고 편안하게 드나들 수 있도록 측면 통로로 문을 옮길 거예요."

기존 현관문과 측면 통로에 있던 창문의 용도를 서로 바꾸면 가능하다. 현관문 자리에 젖빛유리를 달아 시선은 차단하고 채광은 충

1층 안쪽 방을 철거한 모습. 벽 사이에 좁고 긴 창문을 내기로 하고 벽을 절단했다.

1층의 출입문 위치를 바꾸기로 했다. 기존 출입구의 문짝을 떼어내고 창호를 달고, 창이 있던 곳을 바닥까지 절단해서 출입문을 단다.

창이 작아 답답하던 실내가 환해졌다. 창문 아래 부분을 절단해 구조적으로 안전하게 확장했다.
시스템 창호를 장착한다.

2층 방의 창을 시원하게 텄다. 그 앞으로 데크
를 달아낸다. 1층 지붕이 2층의 테라스가 된다.

분히 받아들이자는 전략이다.

정작 해가 들어올 수 있는 창은 작거나 아예 없는 상태로, 문을 열면 골목길의 바람이 사람보다도 먼저 집안으로 성큼 들어섰을 이 집, 사는 동안 얼마나 추웠을까.

작업자가 꺼내든 칼날이 윙윙 거친 기계음을 내면서 벽 속으로 들어간다. 금세 먼지로 뿌옇게 뒤덮인 현장을 부리나케 빠져나왔다.

부수고 다시 짓는 일은 새로 짓는 일보다 어려워 보인다. 일을 할 때도 그렇다. 아예 없던 일인 셈 치고 다시 하는 것보다 잘못된 일을 바로 잡는 게 더 골치가 아픈 법이다.

일주일 뒤 다시 가보니, 철거를 끝낸 실내가 벌거숭이처럼 속살을 드러내고 있다.

시공자는 집을 뜯어보니 걱정했던 것보다는 상태가 훨씬 좋다며 안도한다. 무엇보다 결로가 없어서 공사는 순항할 것이라고 말한다. 바닥에 물기가 올라오는 것 외에는 집 어디에서도 결로의 흔적을 찾아볼 수 없었다.

시공자는 지붕까지 올라가서 물길의 흔적이 있는지 확인했다고 전한다. 회색빛깔 징크로 덮이게 될 지붕이지만 혹시라도 결로가 의심된다면 무조건 수리를 해야 한다.

놀랍게도 2층은 전혀 새로운 분위기로 변신해 있다.

"세상에, 이런 보물이 숨어 있었네."

H는 2층 천장에 드러난 대들보와 박공지붕을 무척 반가워하며

연신 핸드폰으로 사진을 찍어댔다.

　"천장 뜯다가 먼지를 얼마나 먹었는지 몰라요. 합판이 몇 겹씩 올라가 있더라고. 천장에 단열을 제대로 안한 상태로 덮었다가 나중에 추우니까 자꾸 덧댄 모양이에요."

　시공자의 볼멘소리가 크다. 철거 작업 현장의 고충을 잠시나마 확인한지라 이해하고도 남았다.

　"우리 이 천장 살리죠."

　"네? 이렇게 반듯하지 못한 천장은 단열을 제대로 하려면 힘들어요. 새는 부분이 생길 수도 있고요."

2층을 철거하자 의외의 광경이 연출됐다. 굵직한 소나무 보와 박공형태의 천장을 살리는 방향으로
가닥을 잡았다.

"서까래 사이에는 글라스울 끼우고요. 지붕과 벽이 만나는 곳에는 우레탄폼을 쏘면 돼요."

"그렇게 하려면 손이 많이 가요. 단열재 공사만 3일은 잡아야 하는데…. 이거 보통 일이 아닌데."

시공자의 반대에도 H는 물러나지 않았다. 굵은 소나무 보를 드러낸 천장은 흔하지 않다. 일부러 만들기도 힘든데, 이미 만들어진 형태를 덮을 이유가 없다.

지금은 소나무 보가 시꺼멓게 보이는 보이지만, 대패로 한번 밀어내면 말끔해질 것이다. 저녁나절 지친 몸을 굵직한 보가 걸린 높직한 천장 아래에 눕힌다면 몸과 마음이 편안하게 이완될 것만 같다. 얘기를 듣는 사이 상상의 나래가 저절로 펼쳐진다.

"도면을 좀 바꿔야겠어요. 생각보다 훨씬 좋은 분위기가 나올 것 같아요."

건축주가 되어야만
알 수 있는 기분

"도면 수정이 자꾸 생겨서 힘드시죠?"

미안함 반 걱정 반의 심정으로 H에게 물었다. 현장 사정이 바뀌면서 리모델링 도면이 벌써 4차례 수정됐다.

"더 나은 방법이 생긴다면 바꿔야죠. 공사가 한창 진행되는 와중에 바꾸는 게 힘들지, 공사 전에는 얼마든지 바꿀 수 있어요. 그게 공사기간을 절약하는 길이에요."

우리는 어느덧 단골이 된 동네 카페에서 머리를 맞대고 도면을 들여다보았다.

변경 전 모습은 직접 눈으로 확인했으니, 한계 가득한 기존의 조건을 어떻게 바꿀 수 있는지가 무척 궁금했다. 우리의 목표는 20~30대 젊은 여성이 살고 싶은 셰어하우스로의 변신이다.

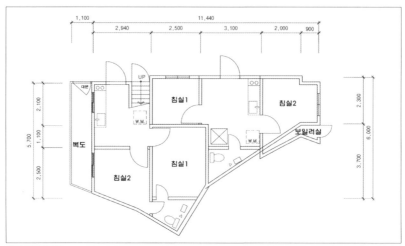

지상 1층 평면도
변경 전

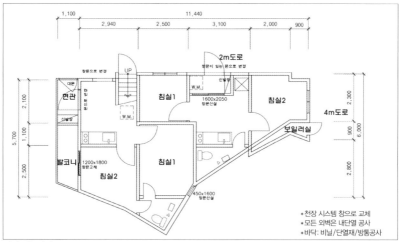

지상 1층 평면도
변경 후

1층 도면부터 비교해보자.

변경 전 도면을 보면 이 집은 1층에 투룸 2가구가 있었다. 가구마다 방이 2개씩이고, 작은 주방과 욕실이 하나씩 있다.

도로에 접한 앞면은 반듯하지만, 뒷집과 만나는 뒷면은 삐죽삐죽 튀어나왔고 그곳에 욕실이 자리한다. 욕실이 좁지는 않은데 모양이 반듯하지 않아서 세탁기가 들어가지 못한다. 집집마다 세탁기를 거실에 내놓고 쓰는 게 안타까웠다. 가장 안타까운 점은 창이 없어 햇빛 한줌 들지 않는 방이 있다는 것이다.

"집 자체에는 결로나 누수가 없다고 하는데, 집안에 들어가니 벽에 곰팡이가 자주 목격됐어요. 이상하다고 생각했는데 환기가 잘 안되는 구조 때문에 그랬던 거군요"

"구조도 문제지만 문을 열기가 힘들어요. 문을 열면 집안이 그대로 외부에 노출되잖아요. 창문도 바깥 시선 때문에 마음껏 열지 못했을 거예요."

이제 변경 후 도면을 펼쳤다.

결론부터 말하자면 도면을 보고 난 뒤 마음이 흐뭇해졌다. 창문이 없던 구석진 방에 '창문 신설'이라고 적혀 있다.

"어머! 이 방에 창이 생기네요."

"구조벽 사이에 꺾인 면이 있는데, 이 벽을 뚫어서 좁고 긴 창을 내려고요. 햇빛이 직접 들어오진 않지만, 간접적인 빛은 느낄 수 있어요. 무엇보다 창문을 열고 환기를 할 수 있어서 한결 낫죠."

방 안으로 빛이 들어오지 못하더라도, 반대편 벽에 비친 햇살의 그림자는 볼 수 있다. 그것만으로도 훌륭하지 않을까.

뭐니 뭐니 해도 1층의 가장 큰 변화는 출입구다. 각 집으로 들어가는 출입구에 현관을 신설했다. 중문을 달고 신발장을 세워 제대로 된 현관 기능을 만들고 외부의 시선도 차단한다.

모든 창문은 교체한다. 가로로 창을 넓히지 못하는 대신 세로로 길게 뚫어서 외부의 햇살이 충분히 스며들게 할 것이다.

세탁기도 자리를 잡았다. 1층 계단실 밑에 남은 자투리 공간과 현관 한쪽에 세탁기 자리를 지정했다. 나도 살림하는 주부인지라 세탁기 위치에 민감하다. 다가구주택에 전세 살 때 거실에 세탁기를 내놓고 욕실 하수구까지 긴 줄을 연결해서 쓴 기억이 난다. 아이가 깰까 조심스러워 세탁도 마음대로 못했던 씁쓸한 기억이다.

2층으로 가보자. 2층은 가파른 계단부터가 난관이다. 빈손으로 오르는 대도 몸이 뒤로 넘어간다. 그래도 올라가면 볕 잘 드는 마당이 있어 기분이 이내 좋아진다. 그래서 나는 1층보다 2층이 더 좋다.

2층도 화장실 모양은 영 마음에 들지 않는다. 삼각자로 금을 그은 듯이 끄트머리가 뾰족하다. 그래도 화장실 안에 세탁기는 넣을 수 있다. 하지만 샤워할 자리가 제대로 나오지 않아 불편하다.

침실 크기도 창의 크기도 너무 작다. 한 면이 2m 남짓한 방은 짐을 모두 빼내어도 사람 몸 하나 뉠 수 있는 수준이다. 셰어하우스를 하자면 방 안에 작은 책상 하나 정도 놓을 수 있는 공간은 있어야

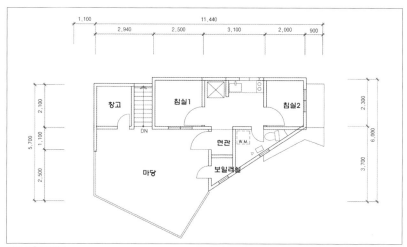

지상 2층 평면도
변경 전

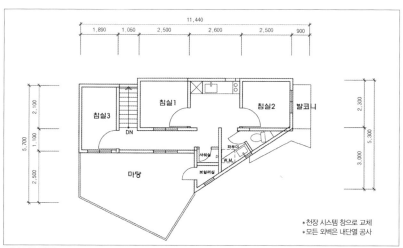

지상 2층 평면도
변경 후

한다.

2층은 계단의 경사도부터 완만하게 조절한다. 나무로 짠 계단을 기존 계단 위에 얹는데, 2계단을 더 만들어 경사도를 낮춘다고 한다. 이건 뭐 거의 수학자 수준의 계산과 장인 수준의 목공작업이 필요하겠다.

"2층은 좀 더 따뜻하게 만들려고 해요. 나무 계단을 밟고 올라와서 빛이 있는 복도를 통해 방으로 들어가는 동선을 새로 짰어요."

2층은 마당이 백미다. 그럼에도 추운 겨울에는 귀가하는 식구들에게 불어 닥치는 찬바람을 막아주지 못하고, 한여름에는 복사열을 뿜어내며 집을 덥게 만든다. 둘 사이에 좁은 복도 하나만 두어도 적절한 중간지대가 생겨나서 재실자가 한결 편안해진다.

방의 크기도 조절한다. 폭 2m를 2.5m로 늘린다. 그 정도만 해도 간이 책상과 작은 서랍장 정도를 놓을 수 있다.

세탁기가 점령했던 욕실에는 파우더룸과 변기가 놓인다. 파우더룸 밑에 빌트인 세탁기를 설치한다. 샤워실은 욕실 옆에 신설한다. 샤워실과 화장실이 분리되어 있으면 바쁜 아침 줄 서야 하는 고충이 줄어들어 좋다.

길가에 접한 작은 방의 창은 1층 지붕으로 나갈 수 있도록 세로로 길게 튼다. 1층 지붕에는 나무로 짠 데크를 얹기로 했다. 2층 창문을 통해 밖으로 나가 지붕을 딛고 설 수 있는 것이다. 테라스가 있는 방의 환경은 180도 달라진다. 재실자에게 한결 여유를 준다.

2층 주방 공간. 천장에 사용한 기존의 고재를 살려 경사면을 노출시킨다. 내부 공간감이 한결 좋아진다.

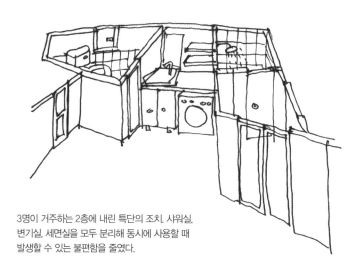

3명이 거주하는 2층에 내린 특단의 조치. 샤워실, 변기실, 세면실을 모두 분리해 동시에 사용할 때 발생할 수 있는 불편함을 줄였다.

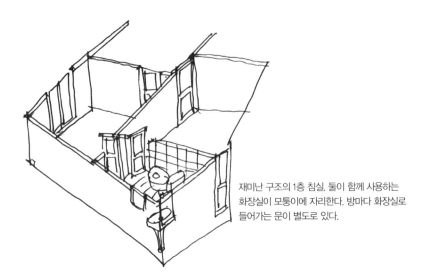

재미난 구조의 1층 침실. 둘이 함께 사용하는 화장실이 모퉁이에 자리한다. 방마다 화장실로 들어가는 문이 별도로 있다.

이제 바깥 모양새를 좀 볼까? H가 3D로 제작한 외관을 내놓다. 첫인상이 깔끔하다. 지붕과 2층은 징크로 덮는다. 기존 지붕 위에 덮지만, 모양을 조금 변형해서 모던한 멋을 냈다. 1층 벽면에는 하얀 스타코를 시공한다.

실내 창을 세로로 확장하니 밖에서 보는 집도 한결 시원스럽다. 기존 주택은 골목길에 면한 창을 모두 최소한으로 내서 단절된 느낌이 강했다. 이제 안으로 숨어들기 보다는 골목을 향해 열린 소통하는 집이 되었으면 하는 바람이다.

1층 지붕 위에 마련한 테라스는 집의 풍경을 한결 멋스럽게 바꿔놓았다. 리모델링을 통해 집의 기능이 좋아지는 것은 물론이고, 집

효창동 셰어하우스의 3D 모델

에 대한 인상도 바뀌게 될 것이다.

　도면을 만드는 일은 꽤 멋있다. 무엇인가 문제를 해결해가는 치열한 고민의 과정이 녹아 있기 때문이 아닐까 싶다.

　'아, 기분이 좋다.'

　내가 살 집은 아니지만, 내가 살아도 좋을 집이 될 것이라고 생각하니 마음이 흐뭇하고 뿌듯해진다. 집을 고친다는 것, 새로 짓는다는 것, 세상의 많은 건축주가 느꼈을 감정이 바로 이런 것이었구나!

　'나도 이제 건축주다!'

　남몰래 마음속으로 외쳐본다.

철거가 진행되는 와중에 시공견적서가 몇 차례 오간다. 철거를 하고 보니 상태가 좋아서 비용이 줄어드는 공정도 있지만 비용이 늘어나는 공정도 있다. 구체적인 건축자재를 선택하고 시공방법을 조율하면서 최종 견적이 완성됐다.

H의 예언대로 리모델링 공사비는 애초 8,000만 원에서 시작해 1억 원까지 올랐다. 부가세까지 더하면 1억 1,000만 원이 든다.

"창은 시스템 창호로 쓰세요."

H가 자재의 사양을 주문하자 견적 금액이 오른다.

"임대주택에 시스템 창호를 왜 해요? 비싼데."

시공자가 대뜸 받아친다.

"돈이 추가되더라도 창호에는 투자해야 해요. KCC 시스템 창호 쓰시죠."

"저는 한화랑 거래를 하는데요."

"그럼 한화 시스템 창호로 합시다."

H는 시공자의 의견을 흔쾌히 접수한다. 시공자도 이내 표정이 좋아진다.

"문짝은 영림도어하죠."

"사제품도 좋아요. 굳이 비싼 문짝 하실 필요가 있나요. 지금껏 하자 없게 잘 했어요."

"좋아요. 잘 짜주세요."

"바닥에는 장판 깔까요?"

"강마루 깔아주세요. 젊은 여성들은 장판 싫어해요. 강마루는 꼭 해줘야 해요."

"좋긴 하죠. 그런데 강마루 깔려면 바닥 미장을 기계로 해야 해요. 평활도를 잘 맞춰야 하거든요. 기계 비용이 추가되는데요."

"어쩔 수 없죠. 견적에 추가해주세요."

옆에서 두 사람을 지켜보니, 둘 다 밀당 선수다. 하나를 가져오고 하나를 내주면서 조율한다.

이번에 시공자가 제안한다.

"변기는 중국제하죠."

"그냥 대림 제품 쓰세요."

"성능 큰 차이 안 나요."

"그래도 국산 브랜드 제품 쓰세요."

"견적 8,000만 원으로 국산 브랜드 제품은 안 돼요."

"대림 제품 써요. 100만 원 더 드릴게요."

결국 금액을 더 지불하고 국산 브랜드 변기를 쓰기로 했다. 이런 식으로 모든 자재와 공정을 일일이 체크해나가면서 견적을 협상한다. 종종 의아한 대목이 있다.

"시공자는 변기에 성능 차이가 없다고 말하는데요. 소장님이 국산 브랜드를 고집하는 이유가 뭔가요?"

"차이가 없긴요. 싼 제품일수록 부품이 적어요. 설치도 금방 할 수 있죠. 누구나 쉽게 해요. 그런데 문제는 그 다음부터 발생해요."

"무슨 문제요?"

"냄새가 올라와요. 냄새 막는 패킹이 없어서요. 좋은 변기일수록 냄새에 민감하게 설계되어 있어요. 선진국 제품은 밀폐력이 좋고 시공법도 까다롭죠. 그런 변기는 제대로 설치하는 법을 몰라서 부품이 남는 경우도 있어요. 어딘가 빼먹은 거죠. 그럴 바엔 품질이 보장된 국산 브랜드 제품 쓰는 게 안전해요."

이렇게 H와 시공사 사이에 밀당과 협상이 오가며 1억 원의 공사비 견적이 확정됐다. 우리 프로젝트에서는 건축가인 H가 건축주를 대신해 시공사와 협상했지만, 실전에서는 건축주가 직접 해야 한다. 이때 설계자를 잘 활용하는 전략을 써야 한다. 설계자와 함께 견적이 적정한지 검토하는 과정을 꼭 거치자.

효창동 주택 리모델링 비용

공사내역	비용	비고
철거 및 보수공사	13,000,000	벽돌보강
내장목공사	16,000,000	
창호공사	7,000,000	시스템창호
전기공사	5,500,000	
설비공사	7,500,000	
위생도기 및 타일	5,000,000	
도배공사	3,000,000	실크벽지
마루공사	4,500,000	강마루
외장마감공사	12,000,000	스타코, 리얼징크
조명공사	2,000,000	Led 조명
가구공사	4,500,000	주방, 신발장, 옷장
에어콘	5,000,000	7대(방마다 1대)
이윤 및 기타비용	15,000,000	
부가세 10%	10,000,000	
합계	110,000,000	

작은 민원이 발생하다

"공사하면서 제일 무서운 게 민원 아니가요?"

"사실 민원 없는 현장은 없어요. 집 짓는다고 하면 동네 관심사가 되거든요."

"여기도 골목이 좁아서 민원이 생기겠어요. 별일 없어야 할 텐데…."

나는 민원 때문에 공사 일정이 차질을 빚을까 걱정스러웠다. 4월 초에 책을 출판을 하기로 약속하고 작업을 서둘렀는데 이런저런 이유로 어느덧 3월 중순을 넘어섰고 이제서야 철거를 마쳤다.

"어제 민원이 들어왔대요. 구청 건축과에서 다녀갔다네요."

내 입방정이 문제였나. 가슴이 철렁했다.

"소장님, 무슨 민원이요?

"공사하면서 길을 막았다고 신고를 했다네요."

시공자에게 혹시라도 차량으로 골목길을 막은 일이 있냐고 물었다. 그런 일 없다는 대답이 돌아왔다. 다른 차량을 잘못 오인한 것일까. 건축과 공무원은 집을 샅샅이 둘러보고 별일 없다는 듯이 돌아갔다. 이미 철거가 끝난 뒤였다.

사실 우리는 민원이 발생할까 싶어서 외단열도 포기하고 내단열로 만족하기로 했다. 외단열을 하면 집의 성능이 훨씬 좋아진다. 외단열은 마치 보온병처럼 집의 겉면을 단열재로 감싸는 공법이다. 그런데 외단열을 하려면 가설재도 세워야 하고 공사도 길어진다. 자연 이웃의 불만이 가중될 수 있고 민원으로 이어질 확률이 농후하다. 민원이 발생할 요소는 미리 주의하고 피해가는 게 상책이다.

"민원은 대다수 시공과정에서 발생해요. 시공사가 미리 공사내용을 이웃집에 알려 양해를 구하거나, 작업시 주의를 해서 사전에 예방하기 위한 노력을 하는 게 낫죠."

시공사와 계약할 때 도급공사계약서에 '공사 중 발생한 민원은 시공사가 책임진다'는 특약을 넣어두는 것도 팁이다. 이렇게 하면 아무래도 조심해서 공사를 하게 된다.

공사시 발생하는 민원의 종류와 대처법

소음

공사할 때 발생하는 소음에 대한 민원은 흔히 발생한다. 그러나 단순히 시끄럽다고 해서 신고를 할 수 있는 건 아니다. 신고가 가능한 공사소음 기준이 있으므로, 민원인이든 시공자든 규제기준을 잘 따져서 신고도 하고 공사도 해야 한다. 특히 소음이 발생하는 공사가 있을 때는 사전에 공사시간과 소음의 정도를 알리는 안내문을 전달해야 한다.

아침과 저녁, 주간과 야간의 기준이 다르다. 민원이 인정되면 공사장에서는 소음을 줄이려는 노력을 해야 하는데, 해당 소음이 개선되지 않으면 과태료를 내야 한다.

붕괴 및 외벽이나 담장, 바닥에 금

신축 공사시 이웃집에 주로 발생하는 피해다. 신축하면서 발생하는 충격이 오래된 이웃집 담이나 바닥에 영향을 줄 수 있다. 이웃집에 재산상 피해를 입히기도 하지만 안전도 위협하는 문제여서 적극 대처해야 한다.

이런 민원을 대수롭지 않게 여기고 시간을 끌다가 공사가 끝난 후 시공사가 철수해버리고 난 뒤 나 몰라라 하는 경우도 있다. 공사 과정에서 시공사가 해결하도록 건축주가 강제해야 한다. 건축주의 추가 비용 부담이 발생할 수도 있다.

먼지와 분진

집을 철거할 때 가장 많은 먼지와 분진이 발생한다. 이때는 분진을 차단하기 위한 가설재를 설치한 후 철거작업을 진행해야 한다. 분진이 이웃집 차량이나 건물에 영향을 주어 민원이 들어오는 경우도 흔하다. 철거시 나오는 폐기물은 쌓아두지 말고 바로바로 처리하고 주변 청소도 바로바로 해서 현장을 깔끔하게 유지해야 한다.

일조권 및 조망권 침해

신축하거나 증축할 때 가장 흔히 발생하는 민원이다. 허가권자는 민원 내용을 살펴 필요하다면 일조권을 침해하지 않도록 계획을 일부 변경하라고 권고할 수도 있다. 어디까지나 권고 사항이므로 강제성은 없다.

보통 건축주은 공사를 빨리 재개하기 위해 합의금을 주고 건물을 완공하려 한다. 민원인이 공사중지가처분신청을 내면 공사에 차질이 생기기 때문이다.

그러나 민원이 제기됐다고 해서 반드시 합의해야 하는 건 아니다. 민원인의 주장이 법률상 타당한 주장이 아니라면 건축주가 민원인을 상대로 소송을 제기하기도 한다.

효창동 1호 셰어하우스를 기다리며

3월이 이제 한 주 남았다. 철거는 끝났지만 본격적인 리모델링 공사는 이제부터 시작이다.

시공자는 창호부터 견적을 넣었다. 시스템 창호는 치수를 재서 주문을 해야 만들기 시작한다. 따라서 제작기간이 며칠 걸린다. 창문 구멍은 다 뚫어 놓았으니 창호만 당도하면 바로 설치한 후 다음 공사를 이어간다.

"벽돌부터 쌓아야죠."

시공자는 창호가 납품되기를 기다리면서 벽 쌓기에 나섰다. 새로 설치하는 현관과 샤워실, 규모를 넓히는 방에도 벽을 새로 세워야 한다. 벽돌을 쌓아 벽을 세운 후 미장으로 매끈하게 마감하면 된다.

내력벽은 건물을 지탱하는 힘을 받는 구조벽이라 함부로 건들지 못한다. 반드시 허가관청에 신고한 후 진행해야 한다. 반면 비내력벽은 언제든 허물고 다시 세우고 옮길 수 있다. 우리는 비내력벽 몇 개를 옮기고 새로 세우는 작업을 통해 훨씬 편리하고 쓸모 있는 공간을 만들 것이다.

"오늘 공사 어디까지 됐어요?"

"벽을 절반쯤 쌓았어요."

"아, 어떻게 빨리 안 될까요?"

"빨리할 수 있는 공사가 있고, 시간이 필요한 공사가 있어요. 바닥공사만 해도 미장한 후 충분히 말려야 해요. 그런 다음 바닥재도 깔고 그러는 거죠. 서두르다가 집 망쳐요."

욕심낼 일이 따로 있지, 집을 망칠 수는 없다.

"어쩌죠. 이 집을 꼭 완공해서 보여주고 싶은데요."

"보여주면 되잖아요."

"어떻게요? 책은 곧 인쇄되는데."

"꼭 책으로만 보여줘야 하나요? 요즘 SNS도 있고…"

맞다. 그런 방법도 있었다. 아쉽지만 못 다한 이야기는 다른 길을 모색해보기로 한다.

효창동 주택 개발에 2,000만 원을 투자한 이후 약 2달이 흘렀다. 그 사이 주말마다 효창동 주택을 번질나게 드나들었다. 골목길과 주변경관을 제법 익혀서 동네 사람 못지않게 여유를 부리며 걷고 있다.

효창동 주택은 셰어하우스 운영을 목표로 리모델링이 한창이다. 3명이 실투자금 4억 4,000만 원을 모아 6억 4,000만 원짜리 건물을 매입했다. 부족한 자금은 은행에서 받은 3억 5,000만 원 대출로 채웠다. 공사비와 세금 등을 합한 총투자금액은 7억 9,000만 원이다.

이 오래된 단독주택이 방 7개가 딸린 셰어하우스로 변신을 완료하게 되면 우리가 얻는 임대수익률이 얼마나 될까?

보수적으로 예상해본 월 임대료는 총 280만 원이다. 이 기준으로 계산하면 연간 수익률이 25%에 달한다. 생각만으로도 뿌듯한 수치다. 효창동 1호 셰어하우스의 출현이 애타게 기다려지는 봄이다.

제3부

333 프로젝트
성공을 위한
핵심전략

333 프로젝트 실전 지도 – 일정별 체크리스트

신축

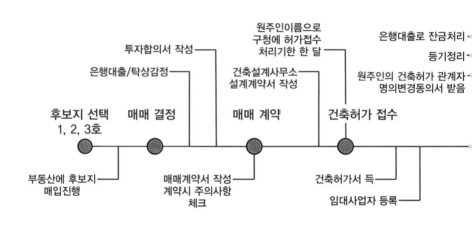

원주인이름으로
구청에 허가접수
처리기한 한 달

은행대출로 잔금처리

등기정리

투자합의서 작성

건축설계사무소
설계계약서 작성

원주인의 건축허가 관계자
명의변경동의서 받음

은행대출/탁상감정

**후보지 선택
1, 2, 3호** · **매매 결정** · **매매 계약** · **건축허가 접수**

부동산에 후보지
매입진행

매매계약서 작성
계약시 주의사항
체크

건축허가서 득

임대사업자 등록

리모델링

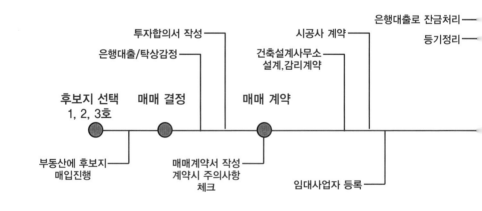

은행대출로 잔금처리

등기정리

투자합의서 작성

시공사 계약

은행대출/탁상감정

건축설계사무소
설계,감리계약

**후보지 선택
1, 2, 3호** · **매매 결정** · **매매 계약**

부동산에 후보지
매입진행

매매계약서 작성
계약시 주의사항
체크

임대사업자 등록

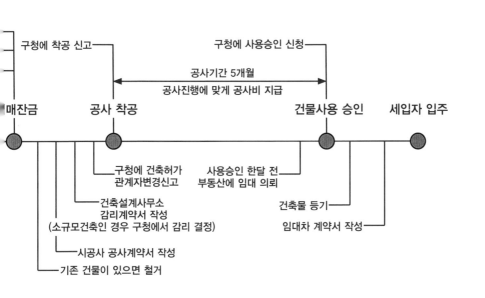

구청에 착공 신고 ─────
구청에 사용승인 신청 ─────

공사기간 5개월
공사진행에 맞게 공사비 지급

매잔금   공사 착공   건물사용 승인   세입자 입주

┌─ 구청에 건축허가
│ 관계자변경신고   사용승인 한달 전 ─────
│   부동산에 임대 의뢰
├─ 건축설계사무소
│ 감리계약서 작성   건축물 등기 ─────
│ (소규모건축인 경우 구청에서 감리 결정)
│   임대차 계약서 작성 ─────
├─ 시공사 공사계약서 작성
└─ 기존 건물이 있으면 철거

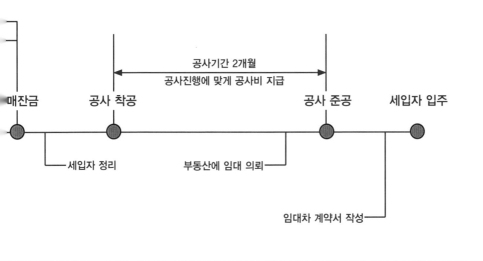

공사기간 2개월
공사진행에 맞게 공사비 지급

매잔금   공사 착공   공사 준공   세입자 입주

└─ 세입자 정리   부동산에 임대 의뢰 ─────

임대차 계약서 작성 ─────

왜 333 프로젝트를
해야 하는가

부자 DNA의 비밀

"부자들은 모이기만 하면 투자 얘기를 해요."

건축가 H는 설계자로서 많은 부자들을 상대해왔다. 대학 재학 중
에 건축사사무소에 들어가 설계 일을 시작했기에 실무경력이 30년
가까이 된다.

설계를 하다 보면 별의별 직업군을 다 만나게 되는데, H는 빌딩
설계를 하면서 부자들을 자주 접했다. 때로는 그들의 모임에 초대되
어 깊숙한 투자 이야기를 듣기도 했다.

부자의 기준을 뭐라 딱 부러지게 말하기는 모호하지만, 어쨌거나
큰 자금을 운용해서 건물을 짓거나 매입할 능력이 있는 그들이 부
자라고 여겨졌다.

"돈도 많은 노인들이 끊임없이 돈 얘기를 해요. 죽는 순간까지 돈

이야기를 할 것 같았어요. 나는 저렇게 살지 말아야지 속으로 다짐했죠. 그때는 부동산으로 돈을 버는 건 천한 일이라고 여겼던 것 같아요."

하지만 시간이 흐를수록 자신의 생각이 틀렸다는 것을 깨달았다. 대부분 사람들은 돈을 벌고 싶은데 부자들처럼 노골적으로 표현하지 않을 뿐이었다.

엄밀히 말하면 부동산 투기가 문제이지 부동산 개발을 통해 그 가치를 인정받는 것은 정당한 것이다. 무작정 덮어놓고 터부시하는 건 잘못된 자세다. 세상의 모든 개발을 부정해야 하는 꼴이다.

빌딩을 설계하고 망가진 집들을 고치면서 H는 서서히 부동산 개발에 눈을 떴다. 자신의 설계가 어떤 결과를 가져오는지 확인하는 과정에서 그는 실용주의 노선을 걷는 건축가가 되었다.

그러는 사이 부자와 일반인의 차이를 발견하게 된다. 그 중 하나가 부자는 혼자 투자하지 않고 같이 투자한다는 점이다.

"김 사장, 1억 원으로 뭐 할 수 있는 것 좀 없어?"

"판교에 물류창고 유치할 수 있는 땅이 저렴하게 나왔다고 연락이 왔는데…. 같이 가보자고."

부자들이 늘 큰돈을 굴리는 건 아니다. 1억 원가량으로 뭐 할 게 없을까 찾는다. 남의 얘기에 종긋 귀 기울이며 정보를 얻으려고 애쓰고 발품을 팔며 스스로 나서서 만남을 주최한다.

부자들은 주식도 하지만 주식에 전 재산을 올인하는 경우는 보기

드물다. 위험을 분산하기 위해 주식과 부동산 등 여러 자산에 고르게 분배해둔다. 같은 원리로 큰 부동산에 혼자서 투자하지 않는다. 여러 사람을 끌어들여 위험을 나눈다. 10억 원을 한 부동산에 몰아넣는 게 아니라, 여러 군데 나눠서 투자하는 식이다. 그래서 그들은 1억 원을 투자할 수 있는 친구를 사귄다. 모임을 결성하고 주기적으로 만나며 정보를 교류한다.

당신은 부자들이 굴리는 여유자금 1억 원조차도 없을 수 있다. 그렇다면 더더욱 누군가와 함께 해야 한다. 그런데 지금 당신은 어떤 모임에 들어가 있는가. 함께 투자할 만한 친구는 있는가.

20대 혹은 30대인 당신이 마음 맞는 친구 10명과 모임을 만들고, 부동산을 공부하고, 투자법을 익히고, 500만 원씩 종잣돈을 모아 5,000만 원으로 부동산에 투자한다면 500만 원보다 몇 배 큰 경험과 자산을 얻게 될 것이다. 부자들도 처음에는 작게 시작했다.

"5,000만 원 갖고 뭘 해요?"

"그럼 포기할까요?"

H가 반문한다. 맞다, 포기하면 내내 그 자리다. 5,000만 원밖에 없는데 이 돈으로 뭘 할까를 고민하는 친구들이 분명 있을 것이다. 그런 친구와 지인을 수소문해서 만나고 함께 공부하는 게 부동산 재테크의 첫걸음이다.

부동산 대박은 거짓말이다

1,000만 원을 갖고 100만 원을 버는 투자는 드물다. 3~4평짜리 오피스텔 한 채로 임대사업을 하려고 해도 실투자금이 5,000~6,000만 원이 든다. 그나마 대출이 60~70% 나왔을 때 가능한 금액이다.

그러나 1억 원을 투자해서 1,000만 원을 버는 비즈니스는 찾을 수 있다. 현금 1억 원으로 오피스텔 2채를 매입(대출 활용)해서 운영하면 2채에서 연간 1,000만 원 이상의 월세를 받을 수 있다.

그렇다면 10억 원을 갖고 1억 원의 수익을 거두는 비즈니스는 어떨까. 더 많을 수밖에 없다. 투자금이 늘어나는 만큼 선택할 수 있는 투자대상도 늘어나기 때문이다.

사람들은 부동산 부자들을 바라보며 분명 대박이 나서 부자가 됐을 거라고 생각하지만 사실은 그렇지 않다. 그들도 작은 것부터 시작해 큰 부를 이루었다. 부동산 대박의 가능성은 매우 희박하다.

오히려 부자들은 대박을 바라지 않는다. 1년 투자해서 20%만 수익이 나도 기꺼이 투자한다. 1~2%대 은행예금금리와 5%대 오피스텔 임대수익률을 생각하면 20% 수익은 매우 큰 소득이다. 10%만 수익이 나도 투자를 마다할 이유가 없다.

오히려 일반인들이 대박을 꿈꾸고 그 꿈을 기정사실로 믿어버린다. 대박을 바라면 현혹되기 쉽고, 사람을 현혹하는 부동산은 쪽박나기도 쉬운 부동산이다.

정상적인 부동산이라면 개발로 인해 인정받은 가치만큼 수익이 돌아와야 한다. 그런 부동산은 우리 주위에 존재해왔다. 다만 보는 눈이 부족해서 발견하지 못할 뿐이다. 혼자서는 역부족이다. 여럿이 함께 찾는다면 더 빨리 발견할 것이다.

창조적인 재테커가 되어라

"부동산 투자에 관심을 갖으라고 했더니 누가 투자설명회에 가보면 어떠냐고 물어봐요. 그 얘기가 아닌데…."

H는 부동산 재테크 초보자들에게 투자설명회에 쫓아다닐 시간에 공부할 길을 찾으라고 당부한다. 투자설명회는 한마디로 상품을 판매하는 곳이다. 누군가가 다 만들어놓은 부동산을 돈만 내고 사면 된다. 이렇게 해서는 자기 발전도 없고, 안목도 그다지 늘지 않는다. 대부분 투자회사에 돈을 넣고 혹시나 리스크가 생기는 건 아닐지, 사기를 당하는 건 아닐지 불안해하며 전전긍긍해야 한다.

누구는 P2P에 투자했다고 한다. P2P 투자는 인터넷상에서 투자를 원하는 사람들과 자금이 필요한 사람들이 만나 서로 거래를 성사시키는 것을 말한다. 예를 들어, 소규모 건축시 필요한 긴급건축자금을 높은 금리로 단기간 대출해주고 여기서 발생한 금융이자를 투자자에게 나눠준다. 이것은 대부업이지 부동산 투자라고 보기 어렵다.

부동산 투자는 가치를 직접 생산해내는 투자가 되어야 하며 그 가치에 대한 대가를 수익으로 가져가는 게 맞다.

그러자면 보는 눈이 필요하다. 지금은 버려진 땅이지만 투자를 통해 어떤 가치를 갖게 될 것인지 예측할 수 있으면 된다. 남다른 발상이 남다른 건물을 만들어 땅의 가치를 변화시킨 사례는 우리 주변에 얼마든지 많다.

전문가만 할 수 있는 일도 아니고, 전문가라고 해서 모두 할 수 있는 일도 아니다. 관심을 갖고 정보를 갖은 자만이 할 수 있는 일이다.

"창조적으로 빌라를 짓고 빌딩을 지은 부자들은 모두 성공적으로 재테크를 했어요. 창조적인 상상과 기획의 차별화가 부동산 재테크를 성공으로 이끄는 필수요소죠."

H는 발길이 뜸해진 대학로의 한 극장을 연극관과 상업공간을 겸한 멀티플렉스로 탈바꿈시켜 사라질 위기에 놓인 극장을 기사회생시키기도 했다.

한 예를 더 들어보자. 청담동에 가면 서세원 빌딩으로 알려진 노출콘크리트 건물이 있다. 2002년 개그맨 서세원이 주차장 부지를 매입해 2006년에 신축한 건물로 H가 설계했다.

몇 년 후 사업으로 자금사정이 어려워진 서 씨가 40억 원에 지은 이 건물을 배우 장근석에게 86억 원에 팔았다. 이후 월 임대료가 1억 원에 이르며 건물값이 100억에 달한다는 소식이 언론에 공개되며 관심을 끌었다.

40억 원에 지어서 몇 년 만에 86억 원에 팔 수 있었던 것은 다양한 입지적 장점도 존재하지만 건물 자체의 기획도 매우 중요하게

대학로의 첫 멀티플렉스 아트원씨어터 빌딩. 2003년 공영주차장으로 쓰던 빈터에 다양한 규모의 객석을
갖춘 소극장들과 상가를 결합해 월 임대수익이 1억 원이 넘는 멀티플렉스를 만들었다.

객석 규모도 다양하게 만들어 효율적인 운영이 가능하다

1층에 작게 분할한 상가 여러개를 넣어 공연이 없는 날에도 사람들이 방문하는 건물이 되었다.

공연장 건물에 사무실도 넣어 건물주의 임대수입을 끌어올렸다.

자용했다. 각 층의 층고가 매우 높아 복층으로 사용할 수 있는 것이 특징인 건물이다. 주변에서는 찾아볼 수 없는 독보적인 형태로 세입자의 선택을 이끌어낸 것이다.

"우리는 창조적인 재테커가 되어야 해요. 이건 누구나 될 수 있어요. 먼저 그 길을 걸은 사람들에게 배우세요. 그리고 직접 경험하세요. 그러면서 성장하는 겁니다. 걷다 보면 보이지 않던 것들이 보이기 시작해요."

도전자들의 첫 관문,
성공 입지 찾기

땅 보는 안목을 기르는 방법

"소장님, 이 땅 좀 봐주세요."

"여기다 뭐 지으시려고요?"

"글쎄요. 소장님이 좀 알려주세요."

H의 건축사사무소를 찾아오는 클라이언트 가운데 절반은 이런 식으로 상담을 시작한다. 어디선가 구한 땅을 들고 와서 대뜸 어떻게 개발해야 할지 알려달라는 것이다.

명색이 건축가인데, '나도 몰라요' 할 수 없는 노릇이다. 그래서 그는 열심히 공부한다.

"설계를 하면 할수록 내가 세상에서 모르는 게 많다는 걸 느낍니다."

모든 부동산은 다르다. 오만 가지의 색처럼 차이가 있다. 그래서 오만 가지의 결과가 나올 수 있고, 오만 가지의 가치가 만들어질 수 있다.

당신도 부동산을 접하다 보면 이런 미묘한 차이를 알게 될 것이다. 이런 차이를 인정한 후 부동산을 바라보면 즐거운 탐색이 가능해진다.

부동산 투자는 땅을 고르는 것부터 시작이다. 부단히 땅 보는 능력부터 길러야 한다. 아직 자신에게 그런 능력이 부족하다면 적어도 멤버 중 한 명은 땅을 볼 줄 아는 사람으로 섭외해야 한다.

땅을 저렴하게 구해서 가치를 높여야만 수익도 나는 것이다. 이미 값이 오른 땅에서는 방법을 찾기가 어렵다. 가치가 숨어 있는 땅, 개발 여지가 있는 땅을 찾아 저렴하게 구입해야 한다.

그래서 333 프로젝트는 땅을 잘 보고 고르는 능력이 출중한 사람을 중심으로 팀이 구성되는 경향이 있다. 그가 먼저 땅을 발견하고 사람들을 불러 모으기 때문이다. 물론 참여하는 사람들도 어느 정도는 안목이 있어야 한다. 부동산 투자를 남의 말만 듣고 하는 것은 '묻지마 투자'나 다름없다.

333 프로젝트의 결과에 대한 책임은 참여자 모두가 지는 것이지 어느 한 사람에게 물을 수 없다. 누군가를 탓할 마음을 갖는다면 아예 참여하지 않는 편이 낫다. 투자 결과는 내 책임이라고 생각해야 올바른 투자가 이뤄질 수 있음을 잊지 말자.

그럼 땅 보는 눈을 어떻게 길러야 하고, 성공 입지는 어떻게 찾아야 하나.

"당신은 왜 이렇게 위만 보고 걸어요? 아까부터 자꾸 두리번거리는 데 뭐 찾는 게 있나요?"

연애 시절 H에게 아내가 종종 던졌던 질문이다. H는 습관처럼 걷고 습관처럼 건물을 구경하고 골목길을 탐색한다. 주변의 상가들을 둘러보고 특별한 일이 없어도 부동산중개소에 들어간다.

땅 보는 눈을 기르자면 H처럼 현장에 관심을 가져야 한다. 여기에 궁금한 것은 공부해서 지식을 덧붙여 나가면 된다. 현장감각과 지식, 이 2가지는 투자에 대한 확신을 갖게 하는 기본이다.

이렇게 스스로 시장을 조사하고 분석하는 과정을 거치지 않은 채, 남이 말하는 투자 정보로는 성공하기 힘들다. 이미 고급정보는 다른 곳에 가 있지, 자신에게 오지 않는다는 점을 인정하고 스스로 좋은 정보를 발견하고 판단해야 한다.

이제 우리가 갖춰야 할 지식에 대해 얘기해보자. 우선 토지에 대한 공법을 공부해야 한다. 토지 공법이란 토지를 어떻게 효율적으로 이용·개발·보존해야 하는지 국가에서 정해놓은 규율이다.

가장 큰 관련법은 국토의 계획 및 이용에 관한 법률이다. 줄여서 국토계획법이라고 부른다. 그밖에 도시 및 주거환경 정비법, 건축법, 농지법, 산림법 등 다양한 법이 있다.

전체를 놓고 보면 매우 복잡하지만 자신이 관심 있는 토지부터 접근해보면 얼마든지 따라갈 수 있다. 요즘에는 인터넷만 검색해도 용어에 대한 설명과 사례까지 접할 수 있다. 서울시에서는 도시계획용어집이며 건축안내서까지 만들어서 홈페이지에 무료 배포하고 있다. 공부하자면 못할 게 없는 세상이다.

토지에 대한 공법을 공부하라는 것은 다 이유가 있다. 내가 구입하려는 토지가 어떤 규제를 받는지 모른다면 아무것도 할 수 없기 때문이다. 누군가에게 속아 건축행위를 할 수 없는 토지를 구입해놓고는 땅을 치고 후회하거나 관청에 쫓아가 항의해도 소용이 없다. 법은 개인의 사정을 봐주지 않는다. 투자대상 토지가 어떤 규제를 받는지 파악했다면, 건축법을 통해 어떤 건물을 지을 수 있는지 파악해나간다.

두 번째 공부해야 할 것은 부동산 공법이다. 부동산 공법이란 부동산의 개발, 매매, 관리 등과 관련하여 개인 또는 건설업자, 부동산업자 등 관련인이 그 과정에서 지켜야 할 규제사항과 절차 등을 국가에서 정해놓은 법이다.

이런 기본 공법에 대한 공부를 하다 보면 부동산등기부등본이나 토지대장, 건축물대장을 제대로 볼 수 있다. 부동산에 투자하려는 사람이 가장 기본이 되는 서류를 보고도 이해하지 못한다면 곤란하다. 규제와 법규에 따라 자기가 선택하려는 땅에 건물을 몇 평이나 지을 수 있는지, 몇 층이나 올릴 수 있는지 계산할 수 있어야 한다.

이렇게 초기에 어떤 규모의 집을 지을 수 있을지 가늠해보는 과정을 두고 규모 검토라고 부른다. 어떤 투자든 이론만 붙잡고 있어서는 한계가 있다. 생생한 현장지식은 현장에 가야만 얻을 수 있다. 서적이나 투자모임을 통해 투자사례를 목격하고 연구하는 방법으로도 현장지식을 취할 수 있다.

타인의 부동산 투자행위를 처음부터 끝까지 짚어보는 등 다채로운 소규모 건물 개발 사례를 섭렵해가며 응용력을 키울 수 있다.

가장 좋은 건 직접 투자경험이다. 333 프로젝트처럼 기회가 닿는다면 소액부터 참여해서 경험하며 배워나가는 것을 추천한다. 도전하지 않고 머릿속에서 계산기만 두드리며 시간을 보내다 보면 이미 다른 사람들은 저 멀리 가 있다. 다시 쫓아가면 그 사람들은 더 멀리 달아나 있는 것을 경험하게 될 것이다.

요즘에는 소단위 그룹으로 공부하는 클럽이 적지 않다. 마치 대학교에서 취업이라는 목적 아래 모여 함께 공부하고 정보를 공유하는 스터디그룹 같은 형태를 띤다.

부동산 투자클럽의 궁극적 목적은 투자다. 혼자하면 될 투자를 같이 모여 하는 이유는 정보를 공유하고 공동투자를 할 수 있기 때문이다. 이곳에서도 333 프로젝트가 유용하게 활용되는 셈이다.

성공 입지를 분석하는 지표들

땅 보는 실력이 일취월장할수록 부동산 투자기회를 만날 확률도 높아진다. 물론 땅 구하는 과정을 남에게 일임할 수도 있지만 그만한 비용을 치러야 한다. 궁극적으로는 자신의 안목이 갖춰져야 올바른 부동산 투자를 할 수 있다.

사실 땅은 모두 다르다. 구도심은 물론이거니와 신도시처럼 전문가들이 세밀하게 계획한 땅도 그렇다. 신도시에 적게는 4~5곳에서 7~8곳씩 무리지어 분포된 점포겸용 단독주택지역을 가보면 쉽게 알 수 있다.

한 구역을 수십 개 필지(하나의 지번을 갖는 토지)로 쪼개놓았는데, 그 땅의 가격이 비슷할 것 같지만 많이 다르다. 막다른 도로에 접한 땅은 훨씬 싸고 다른 땅에 비해 인기가 없다. 반면 사거리에 위치한 모퉁이 땅은 수백 수천 대 1의 경쟁을 뚫어야 하기에 '로또'처럼 인식된 지 오래다. 이렇게 같은 구역 안에 있는 필지들도 저마다 가격이 다른 것은 입지가 다르기 때문이다.

입지는 단 하나의 땅이 지닌 특성을 말한다. 콕 집어 필지 하나다. 사전풀이를 해보면, 입지는 '인간이 경제활동을 위해 선택하는 장소'를 의미한다.

우리가 흔히 듣는 입지분석이란 관심 지역이 용산구 용문동이라면 그 동네에서 딱 하나의 땅을 두고 분석해보는 과정이다. 전반적인 용문동에 대한 평가와 딱 한 곳 선택한 땅의 평가가 일치하지 않을 수 있다. 입지는 다양한 요인에 영향을 받기 때문에 땅마다 평가가 달라진다.

도로와의 관계를 보자. 도로는 입지에 영향을 주는 주요 요인이다. 용문동 안에서도 도로변은 집값이 높고 도로나 전철역, 버스정류장에서 멀어질수록 땅값이 낮아지는 이유는 입지가 반영됐기 때문이다.

같은 골목길 안에서도 입지가 달라진다. 골목길 모퉁이에 위치해 양쪽 도로에 접한 집은 더 비싸고, 골목길 안쪽 도로 끝에 갇힌 집은 더 싸다. 지을 수 있는 건물의 형태가 다르고 접근성에도 차이가 있어서다.

건물을 지으려면 반드시 도로와의 관계를 정확히 파악한 후 투자에 나서야 한다. 덜컥 사놓고 판단한다면 이미 늦다.

"한번은 건축주가 땅을 샀다며 설계를 의뢰했어요. 그런데 지적도상에는 진입도로가 있지만 현장에 가보니 도로가 없어요. 이런 경우는 신축이 불가능하죠."

H는 어처구니없는 일을 종종 경험한다. 집주인은 등기까지 마친 상태였다. 흑빛으로 변한 건축주의 얼굴을 보고 같이 황당해했던 일이 드물지 않다.

건물이 앉을 수 있는 방향도 입지분석에서 고려해야 하는 요인이다. 우리나라 건축법에서 규정하고 있는 일조권사선제한 때문이다. 일조권사선제한이 적용되는 땅은 건물이 높이 올라갈수록 면적이 줄어들고 심한 경우에는 법이 정한 용적률을 못 채운 작은 건물이 될 수 있다.

건물을 누가 이용할 것인가 하는 문제도 입지를 분석할 때 따져야 할 요인이다. 젊은 사람들에게 월세를 받고 싶다면 젊은 사람들이 그 집까지 와줘야 한다. 상가를 활성화시키고 싶다면 오고 가는 사람들이 많은 길목이어야 한다.

주변 환경도 중요하다. 생활에 필요한 상가나 시설, 교통망이 부족한 곳에 집을 지어놓고 좋은 월세를 받기 원하는 건 이치에 맞지 않다. 입지에 영향을 주는 세세한 항목들을 확인하기 위해서는 발품이 필요하다. 현장에서 수집한 정보는 물론 전문가의 의견이나 각종 통계자료 등을 적극 청취해서 분석해야 한다.

입지에 영향을 주는 이런 저런 요인이 많지만 그 중에서도 가장 중요한 요인은 가격이다. 아무리 입지가 좋아도 가격이 비싼 부동산은 투자 매력이 없다. 비싼 땅을 사서 개발하는 것은 땅주인만 좋은 일을 힘겹게 하는 셈이 된다. 부동산 투자에 있어 시세보다 저렴한 땅, 미래가치가 높은 땅을 싸게 구하는 것은 가장 기본 조건이다.

입지분석을 잘 해야 하는 이유는 내 힘과 노력으로 입지의 특성을 변화시킬 수 있는 가능성이 희박하기 때문이다. 그 땅이 지닌 면적, 형태, 용적률, 건폐율, 도로 등을 내 멋대로 조정할 수 없다. 나라에서 기본적으로 규율을 정해 관리할 뿐 아니라, 지자체마다 별도로 조례를 만들어 더 강하게 규제하기도 한다.

그래서 많은 부동산 개발서들이 입지가 중요하다고 노래를 부른다. 어떤 책에서는 '수익형 부동산의 99%는 입지'라고 주장한다. 반드시 맞다고 할 수도 없지만 틀린 주장도 아니다.

부동산을 참새방앗간처럼 드나들어라

입지분석은 누구한테 맡길 수 있는 일이 아니다. 직접 발로 뛰어 생생한 정보를 얻어야 한다. 부동산중개업자의 말만 듣고 쓱 들러본 땅을 계약하는 사람도 있다. 동네 골목길은 어디로 연결되는지 버스 정류장까지는 몇 분이나 걸리는지 직접 걸어보지도 않은 채, 사무실에서 장황하게 늘어놓는 개발호재나 땅값 오르는 얘기만 듣고 결정하기도 한다.

투자유치를 직업으로 하는 사람들은 화려한 언변과 적극적인 매너로 상대방의 정신을 쏙 빼놓는다. 우리는 투자자가 되려는 것이지 손님이 되려는 것은 아니다. 따라서 스스로 판단하고 결정해야만 한다. 그럼 입지분석은 어떻게 해야 하는 것인가. 그냥 동네를 떠돌아 다녀야 하나?

입지를 파악하는 방법은 다양하다. 우선 규제 요건들은 서류를 떼어 충분히 검토해야 한다. 그 외의 사항은 직접 현장을 찾아가 살펴봐야 한다.

몇 가지 유형이 있다. 부동산을 참새방앗간처럼 드나드는 유형이다. 관심지역의 부동산을 돌아다니다가 마음이 맞는 부동산이 있으면 주기적으로 찾아가 믹스커피라도 한잔 얻어 마시며 안면을 트는 전략이다.

저녁 때 카페에 갈 게 아니라 부동산중개소에 들려야 한다고 주장하는 이 유형의 사람들은 부동산 투자를 시작하려면 일상생활에서 습관적으로 하는 행위들도 그 방향으로 이동시켜야 한다고 주장한다. 일리가 있는 말이다.

서울 마포구에 사는 30대의 젊은 부부는 서울 근교에 땅을 사서 건물을 짓는 게 꿈이다. 이 부부의 나들이 방식이 독특하다.

부부의 생활근거지에서 50km까지 둥근 원을 친 지도를 들고 매주 나들이 계획을 짠다. 주중에는 신문이나 정보를 검색하고 대화하다가 마음에 드는 지역이나 동네가 생기면 주말을 이용해 방문한다.

동네를 돌면서 매물도 알아보고 식당에 들어가 밥을 먹으면서 정보도 캐낸다. 자신들의 구체적인 계획을 부동산중개소에 전달하고 몇 차례 더 방문하며 사람을 사귄다. 결국 경기도 의왕에서 적절한 땅을 구해 4층짜리 건물을 지어 임대하고 있다.

부동산중개소에서도 투자계획이 분명한 손님들은 대하는 태도가 다르다. 뜨내기처럼 집값만 묻고 떠나는 사람들과 달리, 이 손님은 맞는 물건만 나타난다면 거래성사 가능성이 높기 때문이다.

부동산중개소 사장과 친해지면 오히려 좋은 땅이 있으니 함께 투자하자고 제안을 받는 일도 있다.

부동산중개사를 프로젝트에 참여시키는 것도 시너지를 낼 수 있는 방법이다. 중개사 자신이 손해 보지 않기 위해서라도 매각이 필요하다면 적극 나설 것이기 때문이다. 부동산의 권리관계를 분석하거나 임대차를 맞추기도 좋다. 세입자를 제일 먼저 자기 건물로 유도할 것이기 때문이다.

한 지역에서 오래 영업해온 중개업자일수록 그 동네 사정을 속속들이 알고 있다. 333 프로젝트는 공동투자를 기반으로 하는 만큼, 서로 만났을 때 시너지 효과를 낼 수 있는 투자자들이 모인다면 금상첨화다.

하지만 반드시 알아두어야 할 점이 있다. 부동산중개업자의 업무는 부동산을 안전하게 중개하는 일이며 중개수수료가 수입이다. 그렇기 때문에 나에게 유리한 정보만 줄 리가 없다. 중개를 성사시키기 위해 감추는 내용도 있을 수 있다.

그들의 말을 다 믿어서는 안 된다는 얘기다. 어쩔 수 없는 일이니 옥석을 가리는 것은 자신의 몫이라는 점을 명심해야 한다.

될 수 있으면 어디에 투자하면 좋다는 얘기는 둔감하게 듣고, 어느 건물이 왜 망가졌는지 분석하는 얘기는 귀를 쫑긋해 듣는 편이 좋다.

두 번째는 정보분석형이다. 뒤늦게 직업을 바꿔 빌라 분양사업에 뛰어든 40대 초반의 남성이 있다. 이 남성은 건설 분야 대기업과 지하철공사를 다니다가 직접 부동산 개발을 하겠다는 목표로 30대 후반에 공인중개사자격을 취득했다.

그 후 몇 년 간 무려 7건의 부동산을 매입해 개발에 나섰다. 모두 연면적 330~660m²(100~200평) 이내의 소형 건물로, 숨은 가치를 지닌 부동산 물건을 찾아내 리모델링하거나 신축해서 프로젝트마다 1.5~2배에 달하는 큰 수익을 냈다. 물론 혼자서 한 건 아니다. 지인들과 함께 공동투자를 하고 있다.

그가 뉴스에나 나올 법만 고수익을 낸 배경에는 그의 직장경력이 큰 도움이 됐다. 건설 분야 대기업과 지하철공사에서 섭렵한 현장 상황이 훗날 공인중개사 자격을 공부하는 과정에서 이론과 만나 남들이 알지 못하는 기회를 발견할 수 있었다.

첫 시작은 조그만 땅을 사서 직접 자신의 건물을 짓는 것이었다. 오랜 경력의 현장소장을 고용해 직영공사를 진행하며 자신도 건설 일꾼이 되어 모든 과정에 참여했다. 그런 후 본격적으로 땅과 건물을 찾아나섰고 개발을 거듭해 짧은 시간 안에 소규모 땅과 건축물을 개발하는 노하우를 축적했다.

건설업체에 종사했다고 해서, 공인중개사 자격을 땄다고 해서 모두 그처럼 보는 안목이 탁월해지지는 않는다. 그렇다면 우리나라에 개발 여지가 있는 땅은 씨가 말랐을 것이다. 그의 비결은 경험과 이론의 축적에 있다. 이론과 현장을 넘나들며 섬세하게 분석하고 연구하여 성취를 이뤄낸 유형이다.

성공 확률 높은
건물을 찾으려면?

확실히 실패한 건물을 찾아라

"이 동네에서 제일 썩은 건물 보여주세요."

H가 부동산중개소에 방문할 때마다 입에 달고 다니는 말이다. 왜 그는 썩은 건물을 보여 달라는 걸까.

땅 보는 눈을 키우면서 건물을 볼 줄 아는 안목도 길러야 한다. 그런데 이것은 좀 더 전문적인 영역이다. 공부가 필요하다는 얘기다.

중요한 한 가지를 기억하면 공부하기가 쉽다. 바로 남들이 다 좋다고 알고 있는 입지를 매입해서 개발하기는 매우 어렵다는 점이다. 개발이야 하겠지만, 투자수익이 없거나 적다는 얘기다.

부동산 서적마다 역세권에 투자하라고 강조하지만, 실제 그 역세권에 투자할 수 있는 사람은 극소수다. 너무 비싸기 때문이다. 강남 재건축에 투자하라고 하지만 어마어마한 투자금이 필요하다. 비싸고 좋은 부동산은 그들만의 리그가 있다.

"초역세권? 근처도 가지 말라. 그게 정답이에요. 현실하고 맞지 않아요."

H의 주장은 이렇다. 초역세권에서 작은 가게를 개업한다고 치자. 월세를 500만 원씩 내면서 어떻게 수익을 낼 수 있겠는가. 프로도 경쟁하기 어려운 시장에 아마추어가 가서 먹을 게 있겠는지 생각해 보면 답이 나온다.

동네 축구회를 가보면, 비슷한 현상이 나타난다. 왕년에 프로선수 출신이라는 60대가 회원으로 오더니 가만히 서서 공을 툭툭 차며 이 사람 저 사람에게 배급해준다. 다른 회원들은 그 공을 받으려고 죽어라 뛰는데 제대로 받는 것도 힘든 상황이다. 또 아마추어는 패스 성공 확률도 낮아서 경기가 제대로 전개될 리 만무하다.

우리도 아직은 동네 축구회에서 뛰는 아마추어다. 아무리 지금의 실력으로는 열심히 뛰어도 프로의 리그에서 성공하기 어렵다. 그러니 아직 프로에 들어가선 안 된다.

초역세권의 짱짱한 건물이 아닌, 망가진 건물을 찾는 게 우리의 일이라는 점을 기억해야 한다. 제일 좋지 않은 상황, 그래서 저평가되거나 매물로 내놓아도 아무도 거들떠보지 않아 가격이 형편없는 그런 건물을 찾아가야 한다. 그런 건물에 발전가능성이 숨어 있는 것이다.

2016년, H의 두 지인이 공동투자로 24억 원에 매입한 서래마을 빌딩이 있다. 당시 빌딩 매입을 목적으로 서래마을 월세주택에 입주한 H는 부동산중개소 사장이 지나가다 던진 말 한마디를 듣고 그 빌딩에 관심을 가졌다고 한다.

"이 건물은 잘못 지었어. 임대가 안 나가."

"왜 안 나가요?"

"구조도 이상하고 어두침침해."

부동산중개소 사장이 어디에 투자하면 좋다고 말하면 거꾸로 가야 한다. 그렇게 좋은 물건은 자신이 먼저 투자하거나 부동산 사장들끼리 공동투자하기 때문이다. 오히려 건물이 안 좋다, 임대가 안 나간다는 말에 귀를 종긋 세워야 먹을거리가 있다.

부동산 사장 말대로 그 24억 원짜리 빌딩은 1층이 비어 있고, 2층만 영업 중이고, 3층도 비어 있다. 4층엔 주인이 산다. 벌써 오래전 30억 원에 건물을 내놓았는데 매각이 되지 않아 24억 원까지 가격이 주저앉았다. 건물의 절반이 비어 있으니 망가진 건물이 맞다.

왜 이 건물이 망가졌을까 분석할 줄 알아야 한다. 안 되는 것에 대한 분석을 할 줄 알고 그걸 해결하는 것이 핵심이다.

결국 H는 그 건물의 문제점을 분석하고 해결책을 찾아서 지인 2명에게 연결시켜주었다. 지인들이 24억 원에 매입해 리모델링한 건물에는 금세 33억 원에 팔라는 매수 의뢰가 들어왔다.

지어서 임대수입을 잘 맞춰놓은 건물을 매입하려는 사람도 의외로 많다. 퇴직을 앞둔 베이비부머들은 노후를 대비해 월세가 꼬박꼬박 들어오는 수익형 부동산을 안정적으로 마련하고 싶어한다.

그들이 추구하는 것은 단기적인 시세차익이 아닌 장기적인 월세 수익이다. 직접 개발하는 것은 불안하고 리스크에 의한 타격이 크기 때문에 완성된 건물을 안전하게 매입하는 것이다.

다시 한번 강조하지만 부동산으로 재테크를 하고 싶다면 실패한 땅과 건물을 찾아야 한다. 삼각형 모양의 이상한 땅도 괜찮다. 무심히 지나치지 말고 관심을 갖고 들여다봐야 한다. 성공한 건물을 사서 어떻게 또 성공을 하겠는가. 그렇게 생각해보면 답이 나온다.

경매 열풍도 이런 이유와 무관하지 않다. 경매는 망가져서 싸게 나온 건물을 회생시켜 수익을 얻는 원리다. 왜 망가졌는지는 부동산 중개소를 통해 쉽게 파악할 수 있다. 내가 그 해결책을 찾으면 개발을 통해 수익을 얻을 수 있다.

현행 법규보다 큰 건물이 낫다

우리 도시에는 주차장조차 없는 건축물들이 여전히 이용되고 있다. 용산구 용문동에 가면 마치 기차처럼 줄줄이 늘어서 있는 단층 상가건물들을 볼 수 있다. 도로변을 따라 6~7개의 상점이 벽을 맞대고 있다. 100% 모든 땅에 앉아 있는 형국이다.

도심 속에서 주차장 없는 건물을 흔히 발견할 수 있는데, 주차장이 없다고 해서 임대가 안 나가는 건 아니다. 상권의 성격이나 주변의 상황에 따라 주차장이 없는 대신 임대료가 조금 저렴하면 임대가 나간다. 이런 건물을 싸게 매입할 수 있다면 리모델링을 통해 건물의 기능과 미관을 향상시키거나 용도를 변경하는 등의 방법으로 제대로 된 임대료를 받을 수 있다.

건물을 고를 때는 용적률과 건폐율의 관계도 잘 따져야 한다. 현행 법규가 정한 그 지역의 용적률과 건폐율보다 훨씬 높은 용적률과 건폐율을 갖고 있는 건물이라면 우선은 눈여겨봐야 한다.

상권과 주거가 공존하는 건물이 갑이다

소규모 건물을 찾을 때는 상가가 있는 건물이 갑이다. 상가 있는 건물과 없는 건물의 수익률이 다르기 때문이다. 월세 수익의 꽃은 상가라는 말이 있듯이, 주거를 월세로 맞추기는 어려워도 상가는 무조건 월세로 계약하기 때문이다. 그만큼 임대수익을 높일 가능성이 높아진다.

상가는 2종 근린생활시설로 허가받은 곳일수록 좋다. 2종이면 음식점도 차릴 수 있다. 만약 그 상가가 비어 있다고 해도 살릴 묘안만 찾을 수 있다면 투자할 수 있다.

문제는 상권에서 떨어져 있는 상가는 장사가 잘 안 된다는 점이다. 망가진 건물을 찾다 보면 1층 상가가 비어 있는 다중건물이 많다. 모두 상권에서 멀리 떨어져 있다.

이런 건물의 경우에는 신중해야 한다. 만약 자신이 직접 1층 상가에 창업을 해볼 계획이 있다면 도전해볼 만하다. 월세 부담이 없기 때문에 창업자에게 더없이 좋다. 2년 정도 시간을 두고 투자해서 내가 상권을 살릴 방법이 있다면 좋은 상가가 된다.

하지만 냉정해야 한다. 자신의 능력으로 살릴 수 없다면 섣불리 나설 일이 아니다. H의 해법은 이렇다. H는 상권이 없는 건물을 살릴 때 능력자들을 찾아간다. 오랜 친구도 있지만 그중에는 평소 창업 분야에서 두각을 나타낸 사람들도 있다.

우연히 찾아갔다가 맛집을 발견하거나 소개를 통해 알게 된 사업자들을 기억해뒀다가 윈윈(win-win)을 제안하는 것이다.

"이 상가 월세가 400만 원인데, 1년 동안은 200만 원만 받을게. 네가 들어와서 좀 살려주면 어떨까."

요즘 TV 프로그램에서 방영되듯이 상권이 죽은 골목식당을 살려내는 백종원 같은 사람을 찾는다면 금상첨화다.

창업자의 정착을 방해하는 가장 큰 장애물이 바로 월세다. 역세권에 상가를 얻어 창업했다고 하면 성공한 것 같지만 대다수 그렇지 못하다. 월세가 곡소리 나게 비싸기 때문이다.

1년 월세를 할인해주면 능력자는 1년간 부담 없이 일할 수 있으니 좋다. 능력자를 유치한 대가로 월세 할인이라는 인센티브를 주는 것이니 아까워할 필요가 없다.

H가 서래마을에서 발견한 24억 원짜리 빌딩도 이 방법으로 살려냈다. 대전에서 케이크로 유명했던 장파티셰에게 서래마을 진출을 제안했다. 케이크만큼은 대한민국에서 자신 있다는 장파티셰는 그

건물에 서래마을 체인점을 내어 서울 진출을 성공리에 이뤄냈다.

H가 2016년 설계한 333 프로젝트인 면목동 다가구주택도 그런 경우다. 면목동 다가구주택은 상권과 다소 떨어진 골목길 안쪽에 위치한다. 1층에 근린생활시설을 넣을 수 있는 건물인데, H가 이 좋은 기회를 놓칠 리 없다. 장파티세의 케이크하우스 브랜드를 1층에 론칭했다.

주변 사람들은 미친 짓이라고 웅성거렸다. 상가도 안 되는 길목에 작은 케이크 한 조각이 6,000~7,000원씩이나 하는 카페를 열었으니 분명 망할 것이라고 판단한 것이다. 부동산중개업자들도 상가는 안 된다고 원룸을 넣으면 중개해주겠다고 배짱을 부렸다.

하지만 1년 후 카페는 손익분기점을 넘어 정상 궤도로 진입했다. 동네 젊은 청년들과 젊은 부부들의 아지트가 됐고, 우리 동네 맛집이자 자랑거리로 등극했다.

개업 1년차가 되면서 앱배달 서비스업체와 제휴해 케이크와 음료 배달을 시작했다. 앱배달 서비스 시작 첫날, 배달로 10만 원 매상을 올렸다. 동네 상권에서 평일 매상이 10만 원 추가되는 것은 엄청난 일이다. 주말이 되자 배달은 더 늘어났다. 3~4만 원대 건강을 생각해 만든 케이크라는 점이 어필된 것이다.

"면목동이 있는 중랑구는 특히 배달이 잘 된다고 해요. 그만큼 원하는 음식 공급이 부족하다는 얘기겠죠. 앱배달 서비스업체들이 분석한 거예요."

망가진 건물을 살 때는 상권을 살릴 구체적인 방법이 있어야 한다. 그런 것까지 생각하고 건물을 골라야 한다.

공실 많은 건물은 반드시 원인이 있다

공실은 얼마든지 생길 수 있다. 공실 있는 건물이라도 그냥 지나치지 말고 그 원인을 따져보는 습관을 들여야 한다. 주거 부분에 공실이 있으면 내가 들어가 살고 회사를 운영하고 있다면 내 회사를 옮겨서 사옥으로 만들면 된다. 이렇게 해서 공실이 없어지면 가치가 높아진다.

사람들은 공실의 원인을 파악하려 하지 않고 공실 없는 건물만 찾아다닌다. 적어도 부동산 재테크를 하겠다는 사람이라면 그래서는 안 된다. 공실 없는 건물을 누가 싸게 팔겠는가.

공실을 줄이려면 복합건물이 좋다. 한 건물 안에 상가도 있고 주택도 있어서 동시에 임대할 수 있는 게 낫다. 주거는 주거용 건물만 밀집되어 있는 지역에서 공실률이 더 높다. 상가는 상가만 가득 찬 건물에서 공실률이 높다.

주거와 상가가 복합되어 있는 건물을 찾아야 한다. 유럽의 도심에 가면 1층은 상가, 2층부터는 주거로 배치된 건물들이 즐비하다. 1층에서 일하는 직원이 윗층의 주거를 임대할 수도 있다.

1층에 상가가 있고 위에 셰어하우스 건물이 있다면, 셰어하우스 사는 세입자가 1층에 카페를 임대해서 운영하거나 아르바이트를 할 수도 있다.

　상가와 주거를 분리해서 도시의 구역을 설정하면 장점도 있지만 공실이 많아지는 단점도 있다는 것을 알아두어야 한다.

초간편 빌딩
분석기를 돌려라

누구나 익숙해질 수 있는 분석도구

이제 건물을 찾았다면 앞에서 말한 다양한 입지 조건들을 건물에 대입해서 투자성을 따져야 한다. 전문가들은 저마다의 안목으로 비슷하거나 또는 독특한 분석을 내놓기도 한다. 그런데 다소 복잡하고 어렵게 느껴지기도 한다.

"빌딩을 분석하는 연습을 자꾸 하세요. 원리만 터득하면 누구나 할 수 있어요."

여기 초간단 빌딩 분석기를 소개해본다. H가 다양한 실전 속에서 터득한 모델이다. 생각의 방식을 간단명료하게 정리할 수 있기 때문에 다양한 필지에 여러 차례 반복해서 시도해보면 누구나 익숙해질 수 있다.

실제 부동산 개발이 진행된 합정동의 한 건물을 빌딩 분석기에 넣고 분석하는 과정을 쫓아가보자.

2, 6호선 환승역인 합정역에서 도보 7분 거리에 위치한 오래된 단독주택이 한 채 있다. 대지는 330m²(100평) 남짓으로 매매가가 40억 원이다. 동네는 원룸도 있고 빌라도 있고 사무실도 있는 전형적인 일반주거지역이다.

이 오래된 단독주택은 투자가치가 있는 것일까. 투자한다면 어떻게 개발해야 가치를 높여 수익을 낼 수 있을까. 투자를 결정하기 전 빌딩분석기를 돌린 결과를 먼저 보자.

• 빌딩분석기 돌리기

1. 땅값 _ 40억 원 : 비싸다. 주변 상가지역 발전으로 일반주거지역도 가격이 많이 올랐다.

2. 용적률 _ 200% : 땅값이 비싼데 용적률이 상가지역보다 현저히 낮다. 최대 지을 수 있는 건물연면적은 200평이다.

3. 건폐율 _ 60% : 2종 일반주거지역이므로 최대 지을 수 있는 건물면적(바닥면적)은 198m²(60평)이다. 수익률이 나오지 않는다.

4. 용도 _ 다기능 : 일반주거지역이므로 어떤 용도로든 개발할 수 있다.

5. 교통 _ 좋다 : 2, 6호선 합정역이 도보로 7분 거리이며 버스 정류장이 많다.

6. 미래 _ 좋다 : 합정역 주변 대단지 주상복합개발이 완료되는 시

점이어서 인구유입이 갈수로 활발해진다. 홍대 상권이 합정역 쪽으로 이동 중이다.

빌딩분석기는 6개 항목으로 구성된다. 땅값, 용적률, 건폐율, 용도, 교통, 미래로 간략하다.

합정동 단독주택은 용도, 교통, 미래성은 좋은데 땅값이 비싸다. 합정역에 들어선 대규모 주상복합단지들의 개발로 인해 홍대 상권과 겹쳐지면서 땅값이 크게 올랐다. 찾는 사람이 많다 보니 평당 3,000만 원에서 4,000만 원대까지 땅값이 형성된 상황이다.

땅이 330m²(100평)이므로 땅값만 40억 원이다. 문제는 땅 가격에 비해 용적률이 낮다는 점이다. 이 땅은 2종일반주거지역으로 용적률 200% 이상 짓지 못한다.

용적률이란 대지면적에 대한 건물 연면적의 비율을 말한다. 용적률이 200%라는 얘기는 대지면적 330m²(100평)에 대한 건물 연면적의 비율이 200%라는 뜻이다. 따라서 660m²(200평)까지 지을 수 있다. 건물 연면적이란 건물의 모든 바닥층 면적을 합해서 나온 면적이다.

먼저 누누이 강조했듯이 아무리 좋은 입지도 땅값이 비싸면 개발해서 얻을 수 있는 게 없다. 그렇다면 그냥 포기해야 할까.

문제 있는 부동산이 기회를 준다

그냥 포기하는 것이 속은 편하다. 그렇지만 방법이 있다면 포기하지 않을 선택권도 생긴다. 포기할 때 포기하더라도 문제의 해결법을 찾는 연습을 한다면 이 또한 투자자에게는 훌륭한 경험이 된다.

앞에서 돌린 빌딩분석기의 결과를 보면 합정동 단독주택의 입지는 월등하다. 교통여건이 좋고 개발호재가 여전해 미래가치도 높다. 문제는 땅값이 비싸다는 점이다.

땅값이 용적률에 비해 비쌀 때 해결법을 찾을 수만 있다면 극복할 수 있는 문제가 된다. 방법이 없지 않다. 바로 '용적률 찾기'에 나서는 것이다. 땅값을 낮추면 가장 손쉽게 사업성을 확보하겠지만 땅값을 깎아줄 땅주인은 없다. 그래서 용적률 찾기가 필요하다. 우리가 용적률 이상의 면적을 찾을 방법을 안다면 부동산 투자에 성공할 확률이 높아지는 것이다.

흔히 알고 있는 건축법적 용적률 외에 사업용적률이라는 것이 있다. 지하층, 다락방, 발코니, 필로티는 법정용적률을 계산할 때 제외된다. 그렇지만 임대면적에는 표기되어 계약시 임대료에 반영된다. 실제 사용하는 공간이기 때문이다. 이런 것을 두고 사업용적률이라고 한다. 설계를 어떻게 하느냐에 따라 사업용적률이 크게 늘어날 수 있기 때문에 사업용적률까지 따져서 최종 개발가능성을 타진해봐야 하는 것이다.

어떤 땅이든 완벽하지 않다. 한두 가지씩 아니 여러 가지 문제를 동시에 지닌 땅도 있다. 우리가 해결할 수 없는 문제라면 포기하겠지만 남이 찾지 못하는 해결법을 찾는다면 우리에게 기회의 땅이 되는 것이다. 문제 해결의 열쇠를 쥐어야 한다는 얘기다.

돈이 많다면야 뭐든 할 수 있다. 최고의 입지를 찾아 거액을 들여 매입해 보유하면서 가치상승을 노리면 된다. 10억 원대가 넘는 강남 재건축 아파트를 매입할 수도 있다. 개발 이후 가치상승이 쉽게 이뤄지기 때문이다.

하지만 수익이 큰 투자는 위험도 크다는 게 진리다. 큰 위험을 감당할 여력이 된다면 큰 수익을 노린 투자도 할 수 있겠다. 그렇지 않다면 남이 보지 못하는 가치를 발견하거나 창조하는 길을 가야 한다. 그래서 땅을 보는 안목이 필요하다. 그 안목을 뒷받침하는 것은 결국 정보다. 정보를 얻는 길은 지식습득과 실전경험, 그리고 네트워크를 활용할 때 가능하다.

혼자 가기 힘든 길은 함께 걷는 게 빠르다. 힘도 덜 들고, 옆 사람의 부축을 받을 수도 있다. 때론 내가 옆 사람의 어깨가 되어줄 수도 있다.

신축이냐 리모델링이냐 선택의 문제

건물 구입 전 신축과 리모델링 판단해야

오래된 건물은 신축하느냐 리모델링하느냐에 따라 사업성에 차이가 난다. 최근 법규를 적용했을 때 얻을 이득이 적다면 리모델링을 선택하는 게 맞다.

특히 신축했을 때 면적이 크게 늘어나지 않는다면 임대료 상승이 어렵다고 봐야 한다. 신축은 리모델링보다 공사비가 더 들기 때문에 큰 공사비를 들였는데 면적은 별다르게 늘지 않는다면 개발 효과가 없는 것이다.

물론 리모델링 후 임대료를 올릴 수 있다. 그러나 임대료는 아무 곳에서나 올릴 수 있는 게 아니고 아무 상품에서나 올라가는 게 아니다.

원룸의 예를 들어보자. 새 원룸을 지었다고 가정하자. 이웃한 다른 원룸건물보다 얼마나 더 많은 월세를 받을 수 있을까. 더 받아야 5만 원 내외다. 그런데 투자비는 더 많이 든다. 물가도 상승했고 다른 원룸보다 조금이라도 더 경쟁력을 갖추기 위해서는 시설에도 투자해야 되기 때문에 공사비가 증가한다.

새로 지은 원룸이 생기면 세입자가 몰린다. 세입자도 새 원룸을 좋아하기 때문이다. 원룸 계약은 1년 단위이기 때문에 입주물량이 많은 원룸 지역에서도 1년 안에 원룸 세입자를 채울 수 있다.

문제는 몇 년 후다. 또 다른 경쟁 건물이 나타나면 세입자들은 새 원룸으로 이동하는 경향을 보인다. 낡은 건물을 곧 경쟁력을 잃는다.

신축을 하고 싶다면 아주 방법이 없지 않다. 그 동네에 전혀 없는 독특한 원룸 상품을 만든다면 수요가 넘치는 곳에서도 틈새시장을 장악할 수 있다.

중앙대학교 후문 쪽으로 가면 유독 눈에 띄는 고급스런 원룸건물이 있다. 학교 후문에는 원룸이 이미 많다. 입주물량이 충분한 이 동네에 독특한 원룸건물이 들어섰다.

이 원룸은 1층의 천장고가 5m에 이른다. 대학교 후문이라 브랜드 헤어숍이 입점해 저녁까지 불을 밝힌다. 2~4층은 1.5룸과 투룸이 고루 채워졌다. 1.5룸이란 문을 달지 않고 공간을 2개로 나누는 설계기법이다. 긴 룸의 한가운데 주방을 배치해 주방을 중심으로 자연스럽게 앞뒤 공간이 분리된다.

1.5룸은 원룸보다 비싸고 투룸보다는 싸다. 투룸을 구하던 학생

들이 주거비 절약을 위해 1.5룸으로 찾아들었다. 서로의 사생활이 어느 정도 보호될 수 있는 점이 마음을 움직인 것이다.

이렇듯 신축을 하더라도 그 동네에 없는 상품을 넣어야 부동산 재테크가 된다. 요즘 원룸이 유행이라고 해서 원룸을 따라 지으면 망한 건물이 되기 쉽다.

요즘 합정동은 원룸이 득세다. 기존 사무실을 내보내고 원룸을 짓고 있다. 이런 동네에서 좋은 사무실 건물 하나는 살아남을 수 있다는 생각으로 오피스건물을 짓는 게 차라리 낫다. 교통이 좋은데 오피스건물 임대가 안 나갈리 만무하다.

리모델링을 할 거면 단순한 건물 찾아라

신축은 평균 가격이 있을 수 있지만 리모델링에는 평균가격이 없다. 리모델링 대상이 되는 오래된 건축물은 건물의 상태가 다 다르고 구조도 제각각이다. 내가 원하는 모양으로 변경하기도 의외로 어렵다.

공사하는 와중에 설계변경을 하는 경우도 흔하다. 2층 계단을 그대로 사용하려 했는데 뜯다 보니 철근이 듬성듬성해서 안전에 우려가 생길 수 있다. 그러자면 제대로 보강하는 설계를 해야 한다. 벽만 철거하려 했는데 기둥이 부실해서 공사를 추가하는 경우도 있다. 창호를 뜯어내다가 창틀이 무너지기도 한다.

오래된 건물은 어디서 시한폭탄이 터질지 모른다. 리모델링을 하기 전에 구조검사를 통해 벽체와 지붕, 기둥의 안전도를 확인해야한다. 비파괴검사를 하는 기계를 벽에 대고 콘크리트나 철근량을 체크할 수 있다. 의외로 튼튼하면 공사비를 줄일 수 있지만 노후도가심하면 다시 짓는 거나 다름없는 공정을 거쳐야 할 수도 있다.

리모델링으로 수익을 낼 수 있는 건물은 단순한 직육면체 건물이다. 겉에서 보면 둔탁하게 보이는 덩어리 같은 건물이 오히려 리모델링이 쉽고 비용도 적게 든다.

도시에서 흔히 볼 수 있는 붉은 벽돌의 3층 다가구주택은 리모델링 설계도 어렵고 시공견적도 많이 나온다. 외관을 봤을 때 꺾어지는 면이 많거나 조잡하게 공간을 구분해놓은 건물일수록 손이 많이간다.

이런 주택은 직접 살 집이 아니라면 굳이 많은 공사비를 들여서리모델링할 이유가 없다. 공사비가 많아지면 수익도 떨어지기 때문이다. 따라서 부동산 재테크 대상으로는 부적합한 건물이다.

건물은 복합용도로 구성하는 게 좋다

원룸만 가득한 건물보다는 원룸, 투룸, 쓰리룸이 다양하게 들어있는 건물이 부동산 재테크 관점에서는 더 낫다. 그래야 공실률이낮아진다.

임대수입을 장기적으로 꾸준히 얻고 싶다면 원룸으로 쪼개진 건물을 매입하는 것보다는 쓰리룸으로 이뤄진 건물을 매입하는 편이 낫다.

쓰리룸은 융통성이 있다. 훗날 최악의 경우가 발생했다고 가정하면 원룸보다 쓰리룸이 갑이다. 쓰리룸을 임대하다가 인기가 없어지면 셰어하우스로 전환하거나 게스트하우스를 창업해도 된다. 셰어하우스나 게스트하우스를 창업하려는 사람들은 쓰리룸을 원하기 때문에 임대가 쉽다.

만약 원룸이 가득한 건물을 매입했다고 하자. 몇 년 후 원룸이 포화되어 공실률이 커진다면 어떻게 대처할 생각인가. 원룸은 다른 용도로 조정이 어렵다. 부수고 새로 짓는 게 나을 지경이 된다.

원룸을 구입할 바에는 고시원이 융통성이 있다. 원룸은 하나씩 독립된 주택이다. 복도에서 독립된 현관을 통해 집안으로 들어간다. 집안에는 주방, 욕실이 다 갖춰져 있다. 고시원은 방만 독립되고 나머지 모든 공간은 공유한다. 고시원 영업이 쇠퇴한 지역에서 이런 건물을 싸게 매입해 부동산 상품으로 개발할 수 있다.

서울대학교가 위치한 신림동에 가면 오래된 고시원을 개조해 오픈한 셰어하우스가 있다.

몇 해 전까지만 해도 그 동네는 사법고시의 꿈을 꾸고 전국에서 올라온 학생들로 인해 고시원과 하숙촌의 영업이 그런대로 영위됐다. 100세대가 넘는 오피스텔이 속속 들어오면서 손님을 뺏기기도 했지만, 엄연히 원룸과 고시원의 월세는 차이가 난다.

문제는 사법고시 폐지였다. 그 많던 시험준비생들이 신림동을 떠나자 고시원도 공실이 커졌다. 특히 오래되어 낡고 추운 고시원들은 사실상 빈 건물이나 다름없었다.

이 건물의 쓰임을 발견한 사람은 한 젊은 건축가다. 이 건축가는 고시원 주인에게 연간 일정 수익률을 지급하는 조건으로 저렴한 보증금으로 5년간 장기임대계약을 한다.

그런 다음 고시원을 셰어하우스로 리모델링했다. 고시생이 떠난 이 건물에는 직장인과 학생들이 찾아들어 금세 생기를 되찾았다. 건축가는 1층에 공동주방과 카페를 두고, 층마다 스터디공간을 별도로 마련해 편의를 제공했다.

실도 다양하게 배치했다. 문은 하나인데 가운데 욕실을 두고 양쪽 공간을 나눠 쓰는 2인실이 있는가 하면, 문을 열고 들어가면 아담한 거실이 있는 3인실이 있다. 그밖에도 더 넓은 거실과 간이주방까지 누릴 수 있는 5인실도 있다.

이처럼 복합적으로 공간을 만든 건 바로 공실률을 줄이기 위해서다. 한 건물 안에서 다양한 선택이 가능하니 세입자들은 굳이 이 건물을 떠나 다른 건물로 이동해야 할 필요성이 줄어든다.

이런 전략은 그 동네에서 건물을 확실히 차별화하고 입지전적인 존재로 만드는 효과가 있다. 동네에 없는 건물을 만드는 게 성공확률이 높다는 점을 기억하자.

더 이상 공급이 힘든 건물을 지어라

333 프로젝트로 건물주가 된 면목동 셰어하우스 투자자들은 동네에 없는 셰어하우스를 지어서 만실의 기쁨을 누리고 있다. 1층 상가에 입점한 고급 케이크전문점도 자리를 잡았다. 1년이 지나고 수익률이 높다는 소문이 자자하게 퍼지자, 비슷한 집을 누가 또 지을까봐 슬슬 걱정이 된다.

그러나 H는 '그럴 확률이 없다'고 답했다. 비슷한 주상복합건물이 들어와도 디저트카페는 불가능하다. 이미 선점한 독보적인 브랜드이기 때문이다. 면목동 골목길은 상권을 나눠먹을 만큼 넉넉지 않다. 따라서 상가 수익은 걱정하지 않아도 된다.

셰어하우스도 마찬가지다. 면목동 셰어하우스는 그 구조가 너무 특이해서 웬만하면 똑같이 짓지 못한다. 위탁운영관리업체가 맡고 있는 서울 시내의 많은 셰어하우스 중에 면목동이 가장 높은 평점을 받았다. 세입자들이 이 집을 가장 선호한다는 애기다.

그 비결은 공간에 숨어 있다. 기존 셰어하우스는 구조가 평면적인 데 비해, 면목동 셰어하우스는 수직구조를 띤다. 내부계단을 통해 위로 올라가면서 독립된 방이 2개씩 배치되어 있다. 사생활이 보호되는 구조여서 세입자들이 좋아한다.

면목동이 수지분석이 좋은 동네라면 금방 밀고 들어올 수도 있다. 그러나 실제 수지분석을 해봤을 때 좋은 땅이 드물었다.

수지분석이 너무 좋은 땅은 일시적으로 돈을 투자해서 붐을 일으켰다가 수익만 빼먹고 빠지는 부동산 투자를 하는 선수들에게 점령 당하기 쉽다.

그러니 초보자나 투자금이 부족한 사람들은 1부 리그가 아닌 2부 리그에서 시작해야 조금 더 안전하게 재산을 불릴 수 있다.

'전셋돈 3억 원으로 강남 빌딩사기'는 2부 리그에서의 연습을 거친 후에 도전하는 게 맞다. 아무리 공동투자라고 해도 갑작스런 상황에 대처하려면 참여하는 투자자들의 경험과 지혜가 필요하다.

처음부터 버거운 건물을 들고 허우적대지 않길 바란다. 그러면서 '건물 지으면 10년 늙는다는 말이 딱 맞다'고 증명하는 것은 어리석은 짓이다.

돈맥이 막히면
함께 망한다

공동의 통장을 개설한다

333 프로젝트는 공동투자자가 모이다 보니 돈을 운영하는 문제가 중요하다. 서로 믿는 사이라고 해도 자금 운영은 무조건 투명해야 한다. 한번 감추거나 한번 속이거나 한번 독단을 부렸다가는 투자모임 자체가 깨진다.

투명하다는 것은 소통을 잘 한다는 얘기다. 프로젝트 참가자들은 숱하게 소통해야 한다. 작은 이야기 하나도 공유하고 결정해야 함을 명심해야 한다. 그래야 나중에 자금 문제가 생겨도 힘을 모아 헤쳐 나갈 수 있다.

모든 입출금은 하나의 통장에서 일어나야 한다. 바빠서 잠깐 놓치더라도 모든 입출금을 깨알같이 챙길 수 있는 방법이다. 통장관리는 가장 계산이 빠른 사람에게 맡기는 편이 낫다. 또한 전체적인

333 프로젝트의 과정을 아는 사람이어야 실수 없이 관리할 수 있다.

333 프로젝트 참가자들은 돈을 함부로 대해서는 안 된다. 공동의 자금이므로 더 소중히 다뤄야 한다. 돈을 감싸 쥐고 지키라는 얘기가 아니라, 돈의 쓰임에 대해 충분히 고민하고 결정하라는 뜻이다.

수십 수백 번 함께 고민을 거듭하는 과정에서 공동투자자들은 성장하는 것이다. 유능한 한 사람이 혼자 일하는 것보다는 평범한 여러 사람이 함께 일할 때 문제해결능력이 더 커진다는 걸 기억해야 한다. 또한 공동투자자들은 누구나 할 것 없이 예상치 못한 어려움이 닥쳤을 때 문제를 해결하기 위한 주체로 적극 참가하며 성실하게 임해야 한다.

자금 계획표를 작성한다

공사만 계획표를 만드는 게 아니다. 자금의 흐름도 계획표에 따라 미리 작성해야 한다. 일정별 체크리스를 만들면 언제 어떤 명목의 돈이 나가는지 파악할 수 있다.

자금은 아무리 꼼꼼히 챙겨도 부족하지 않다. 특히 돈을 지급해야 하는 시점, 이자가 발생하기 시작하는 시점, 여유자금이 필요할 시점 등을 파악해서 A플랜, B플랜을 세워두어야 한다.

공동투자자들 스스로 전체 일정에 필요한 체크리스트를 만드는 것이 좋다. 그런 후 사업을 진행하면서 떠오르는 추가사항을 곁들여 완성하면 훌륭한 체크리스트가 될 것이다.

자금 계획표

후보지 선택 단계	• 후보지별 투자내역 산출
매매결정 단계	• 은행대출(탁상감정) 의뢰 • 투자금 계산(토지매입지, 공사비, 세금, 이자, 기타 경비 등)
매매계약 단계	• 계약금 지급 • 건축 설계 계약금 지급
매매완료 단계	• 은행대출로 잔금처리 • 은행대출과 동시에 이자 계산 시작 • 부동산중개료 지급 • 토지 취득 등기시 발생하는 취득세(토지가의 4%) 등 세금 납부 • 세입자 이주비 지원(필요시)
건축허가 완료 단계	• 설계 중도금 지급
공사착공 단계	• 공사계약금 지급 • 철거비용 지급 • 감리비용 지급
공사진행 단계	• 공정별 기성금 지급 • 은행대출 이자 지급
건축물 등기 단계	• 공사 잔금 지급(건물사용승인 후) • 설계 잔금 지급(건물사용승인 후) • 신축건축물 취득세 등 세금 (건축비 신고가의 3.2~3.3%) 납부

대출은 최대한, 사업자대출로 받아라

대출을 알아보기 위해 은행에 가면 제일 먼저 듣는 말이 있다.

"개인대출이세요? 사업자대출이세요?"

둘 중 하나를 선택하는 것에서 대출 상담이 시작된다. 사업자대출은 개인대출보다 대출금액이 크다. 개인대출은 내가 기존에 갖고 있는 부동산재산액도 평가한다. 마이너스통장, 기존 대출, 자동차리스 등도 모두 드러나서 신용등급이 낮아질 수밖에 없다.

그러나 사업자대출은 사업자가 주인이므로 사업의 내용만 본다. 우리는 건물을 짓고 임대사업을 할 것이므로 주택임대사업자로 등록해서 은행에 제출하면 된다. 은행에서는 이 임대사업자가 건물을 통해 얼마의 수익을 내서 은행 이자를 성실히 갚을지 판단한다.

임대사업을 하면서도 신고하지 않은 사람들이 대다수다. 임대사업자로 등록하지 않은 이상 신고의무가 없기 때문에 그들이 얼마를 버는지 알 수 없다. 임대사업자로 등록하는 것은 '나는 임대사업으로 월세 받아서 꼬박꼬박 신고할게'라는 의미와 같다.

임대사업자가 싫다면 주택신축판매업자 등록을 해도 된다. 임대사업자로 등록하면 다양한 세제 혜택을 받을 수 있는 반면, 8년 이상 의무임대기간을 지켜야만 한다. 기간을 지키지 못하면 모든 혜택을 되돌려주어야 한다.

따라서 주택을 신축해서 단기간에 매각할 목표라면 신축판매업자 허가를 받으면 된다. 신축판매업자는 양도세를 내지 않고 사업소득세를 내기 때문에 세금면에서 유리하다.

대출은 최대한 많이 받는 게 낫다. 대출을 받아 이자를 내고 남는 수익을 따져 보면 대출을 이용하기 전보다 더 높은 수익률이 나온다. 실제 투자자금이 적게 들어갈수록 수익률면에서 유리한 것이다.

여유자금이 있을 때 그 여유자금으로 대출을 상환하는 게 나을까, 대출을 그대로 두는 게 나을까.

답은 경우에 따라 달라진다. 보유하는 경우에는 대출을 상환해서 이자비용을 줄이는 게 유리하다. 하지만 매매를 원한다면 대출을 최대한 활용해서 투자금액을 줄이는 게 유리하다.

건물을 사려는 사람은 많은데 비해, 큰돈을 투자할 수 있는 사람은 적다. 따라서 적은 투자금으로 매입할 수 있는 건물이 있다면 당연히 경쟁적으로 사려는 사람도 많아진다. 건물매각을 목표로 한다면 대출금을 높이고 투자금액은 줄여놓는 설계가 유리하다.

명의 변경 동의와 잔금 치르기

대출신청을 하면 곧바로 돈이 나오는 게 아니다. 신축을 한다면 건축인허가증이 있어야 비로소 대출이 일어난다.

그렇다면 건축인허가증 없이 어떻게 대출을 받을 수 있는 걸까. 방법은 이렇다. 건물을 매입하기 전 기존 건물주에게 대출 동의서를 미리 받은 후, 계약서에는 건축허가증이 나오고 대출을 받은 후에 잔금을 준다는 조건을 적어야 한다.

대출을 받은 후 잔금을 준다는 조건을 매매계약서에 쓰자고 하면 대신 매매가를 더 달라고 하는 주인도 있다. 이렇게 주장하면 대출을 받아야만 잔금을 치를 수 있으니 조금이라도 더 올려주는 수밖에 없다.

하지만 우선 돈을 올려주지 않고 설득을 해본다. 이런 계약조건이 건물주인 입장에서 손해 볼 게 없기 때문이다. 본인의 이름으로 건축허가를 받은 것이기 때문에, 잔금을 못 받는다고 해도 사업권이 생기는 것이므로 이득이다. 오히려 더 높은 값에 다른 사람에게 사업권을 팔 수 있다.

부동산은 개발 단계마다 가격이 뛴다. 인허가를 받았다는 얘기는 건축이 가능하다는 얘기이고, 건축이 가능하다는 얘기는 가치가 높아진다는 얘기다. 건축인허가가 나온 경우에는 맨땅이나 노후주택을 팔 때보다 더 높은 값을 받을 수 있다.

또한 건물 공사가 완료된 후에는 가격이 더 뛴다. 거기다 세입자까지 들어오면 가장 높은 값에 팔 수 있다. 따라서 기존 건물 주인을 잘 설득해서 추가금액 없이 계약을 할 수 있도록 시도해보자.

드물게는 건축허가 접수가 늦어지거나 허가가 늦게 나올 수 있다. 통상 인허가도면을 접수한 후 한 달 정도 여유를 잡으면 되지만, 인허가 접수가 몰리는 봄철에는 지역에 따라서는 밀릴 가능성도 없지 않다.

또한 도면상에 법이나 조례를 어긴 부분이 있으면 허가가 반려되거나 수정 사항이 생기기도 한다. 따라서 인허가도면을 접수하기 전 충분히 검토해서 수정이나 반려되는 일이 없도록 만드는 게 시간을 버는 길이다.

인허가 과정이 지연되면 예정된 잔금 지급 날짜를 넘길 수도 있다. 중도금이나 잔금을 지급하기로 명시한 날짜를 넘기면 잔금에 대해 발생하는 이자도 매도자에게 줘야 한다. 따라서 잔금 치르는 날을 잘 계산해서 대출에 차질이 없도록 인허가를 준비해야 한다.

한 가지 더 주의할 점은 인허가가 난 후에 명의를 매수자로 변경해주겠다는 내용의 동의서를 매도자에게 미리 받아둬야 한다는 점이다. 인허가가 난 후 명의 변경을 동의해주지 않으면 낭패다.

대출 외에 단기차입금 마련 방안이 필요하다

333 프로젝트의 가장 큰 장점이 바로 자금운영에 있다. 한 사람보다는 두 사람, 두 사람보다는 세 사람이 모였을 때 갑작스런 일에 대처할 수 있는 가능성이 커진다.

부동산 재테크는 다른 재테크와 달리 투자금 운영 기간이 길고 패턴이 복잡하다. 주식처럼 샀다가 팔면 끝나는 투자가 아니다. 부동산 재테크는 시작부터 끝까지 6개월이 걸릴 수도 있지만 5년, 10년이 걸릴 수도 있다.

이사 나가는 세입자 보증금을 빼줘야 할 수도 있다. 내 집을 판 돈으로 새 집을 짓는다면, 집을 팔고 새 집을 완성하는 사이 몇 개월을 다른 공간에서 살아야 한다. 그러자면 보증금과 월세 낼 돈도 필요하다.

잔금을 치른 후 건물 공사가 시작되므로 공사 비용도 준비해야 한다. 공사를 시작하려면 기존 세입자도 내보내야 하는데, 계약이 만료되기 전 본인 의사에 반해 어쩔 수 없이 나가는 것이라면 기본적인 이사비용과 중개비도 내줘야 한다.

건물을 구입할 때는 큰 덩어리만 생각하는 경향이 있다. 건물값과 땅값만 따지는 것이다. 좀더 아는 사람들은 취득세와 공사비도 떼어놓는다. 그런데 명도 비용은 미처 챙기지 못해 낭패를 보기도 한다.

"부동산 투자할 때 꼭 당부하고 싶은 점이 브릿지자금을 끌어올 곳을 마련해두라는 거예요."

H는 2~3개월 정도 공사기간에만 이용하는 자금이기 때문에 부모형제의 도움을 받는 게 속편하다고 귀띔한다. 나중에 갚을 때는 꼭 이자까지 갚아야 한다. 돈은 신뢰다. 신뢰를 잃으면 돈도 잃는다는 생각으로 모든 자금은 투명하게, 미리미리 계획해야 실수가 없다.

공동투자는 최고의 양도소득세 절세 전략이다

올해 양도소득세에 대한 규제가 강화되면서 '양도세 폭탄이 무서워서 집 사기가 두렵다'는 말까지 나오고 있다. 그러나 333 프로젝트는 최고의 양도세 절세전략이므로 세금에 대한 두려움은 떨쳐도 좋다.

양도소득세는 취득 후 2년이 지나서 양도하면 일반누진세율(6~40%)이 적용된다. 일반누진세율이란 양도시 발생하는 차익(수익)이 많은 만큼 세금을 더 부과하는 구조의 세율을 말한다.

단순한 예를 들어보자. 1억 원에 주택을 매입해서 2억 원에 판 김 씨가 있다. 양도소득이 1억 원이다.

한편 이 씨는 1억 원에 주택을 매입해서 4억 원에 팔았다. 양도소득이 3억 원이다.

김 씨와 이 씨가 1년을 채 보유하지 못하고 팔았다면, 무조건 차익의 50%를 양도세로 내야 한다. 양도세를 계산해보면 이렇다.

〈김씨〉양도차익 1억 원 × 10% = 1,000만 원(수익 9,000만 원)
〈이씨〉양도차익 3억 원 × 10% = 3,000만 원(수익 2억 7,000만 원)

그러나 2년 이상 보유한 한 후 팔았다면, 양도세에 적용하는 누진세율이 달라져 결과도 달라진다.

양도차익 1억 원은 세율 35%를 적용하는 과세표준 구간에 있다. 양도차익 3억 원은 세율 38%를 적용하는 과세표준 구간에 있다.

〈김씨〉양도차익 1억 원 × 35% = 3,500만 원
〈이씨〉양도차익 3억 원 × 38% = 1억 1,400만 원

이처럼 누진세율에 따라 양도소득세를 계산하면 수익이 클수록 소득세가 더 늘어나고 결국 양도세를 내고 나면 차익으로 인한 수익이 크게 줄어든다.

그런데 333프로젝트를 하면 양도세 부담을 다소 줄일 수 있다. 총 1억 원의 차익이 생겼더라도, 3명이 3분의 1씩 나눠서 신고하면 각자 3,300만 원에 대한 양도세를 내게 된다. 3,300만 원은 과세표준액 4,600만 원 이하에 속하기 때문에 15%의 세율을 적용받는다. 15%의 세율을 적용하면 약 500만 원의 양도세가 각자에게 나온다. 셋이 합해도 1,500만 원이다.

결국 1억 원에 대한 양도세율이 35%에서 15%로 바뀐다. 3,500만 원이 아니라 1,500만 원만 내면 된다.

2018년 양도소득세율

구분	과세표준액	세율	누진공제액
1년 미만 보유	50%(주택, 조합원 입주권은 40%)		
1년~2년 미만 보유	40%(주택, 조합원 입주권은 기본세율) 단, 조정지역 내 분양권은 50%		
2년 이상 보유	1,200만 원 이하	6%	
	4,600만 원 이하	15%	1,080,000
	8,800만 원 이하	24%	5,220,000
	1.5억 원 이하	35%	14,900,000
	3억 원 이하	38%	19,400,000
	5억 원 이하	40%	25,400,000
	5억 원 초과	42%	35,400,000
미등기 자산 : 70%			
비사업용 토지 등 : 기본세율 + 10% 단, 조정지역은 10% 할증(최대 62%)			

양도세를 계산할 때는 양도차익에서 필요경비와 기본공제를 뺀
후 남은 금액의 과세표준구간 세율을 적용한다. 이렇게 하면 양도
차익은 3,300만 원이 아니라 1,200만 원 이하로 낮아질 수도 있다.
1,200만 원 이하는 6% 세율을 적용받는 구간이다. 훨씬 더 적은 양
도세를 낼 수 있다는 얘기다.

양도세를 계산할 때 공제할 수 있는 필요경비로는 공사비, 취등
록세, 법무사 등기비, 부동산중개수수료, 인테리어 비용 등이 있다.
해당 현금영수증을 첨부해서 인정받으면 된다.

혼자 큰 수익을 얻으면 큰 세금을 내야 하지만, 여럿이서 공동투
자를 통해 이익을 분산하면 누진세율이 줄어들어 절세할 수 있다.

333 프로젝트를
창업하듯 준비하라

나도, 멤버도 이해할 수 있는 개발이어야 한다

여럿이 함께 부동산 투자에 나서는 길은 창업 과정과도 유사하다. 시장조사와 입지분석을 통해 대상지를 찾아야 하고, 주변 환경이나 상권분석을 통해 창업 종목을 찾아야 한다. 또는 창업 종목에 따라 대상지를 찾아 나서기도 한다. 한 사람이라도 더 보고 분석해서 최고의 결과물을 만들어야 한다.

그런데 공동투자를 한다고 하면서, 리더라는 명목으로 모든 걸 혼자 결정하려는 사람들도 있다. 본인이 가장 잘 안다는 게 이유이고, 본인이 전문가라고 생각하는 게 이유다. 그렇지만 전문가의 판단도 틀릴 수 있다는 걸 알아야 한다.

연말연초가 되거나 정부정책이 급변할 때마다 부동산시장을 예측하는 기사들이 쏟아진다. 언론사는 부동산 분야 전문가를 모아

세미나를 하거나 10명, 20명씩 모아서 설문조사를 하기도 한다. 그런데 열이면 열, 스물이면 스물 모두 서로 의견이 다르다.

단언컨대, 완벽한 부동산 전문가는 없다. 대부분 자기 분야가 있고, 그 외의 분야는 일반인보다 모르기도 한다. 전체적인 시장을 보는 눈은 있어도, 특성이 제각각인 개별 사례에는 명답을 내지 못하기도 한다. 이론에 밝은 사람이 있는가 하면, 실전에 강한 사람이 있다. 그래서 전문가들도 모여서 세미나를 하고 토론을 하고 학회를 만들고 포럼을 조직하고 의견을 나누며 자신의 논리를 다듬는다.

공동투자를 하는 이유는 시너지 효과를 얻기 위해서다. 단지 돈이 없다는 이유만으로 공동투자를 생각한다면, 일찌감치 마음을 접어야 한다.

공동투자가 잘 되려면 서로의 의견에 귀를 기울여야 한다. 지식이 있고 실전 경험이 있는 멤버가 있다면 더 귀기울여주면 된다. 모든 구성원이 공동의 책임을 지닌다는 자세로 참여해야 한다. 그러나 납득하지 못한 채 끌려간다면 결말에는 싸움만이 기다리게 될 것이다.

또한 공동투자에는 공동의 책임이 따른다. 그런데 그 책임과 의무를 고루 나눠 지지 못하고 한 사람이 모든 것을 주도하다가 중간에 예기치 못한 문제가 발생하면 나머지 멤버들은 주도자에게 책임을 미루게 된다. 결국 불협화음으로 중도 포기하는 팀이 현실에 존재한다는 사실을 알아야 한다.

은행이 OK하는 사업계획서를 만들자

사업계획서는 사업할 때만 만드는 게 아니다. 부동산 투자를 할 때도 사업계획서를 만들어야 한다. 앞서 사업자로 등록해서 대출을 받으면 일반대출보다 많은 대출을 받을 수 있다고 말했다.

사업자 신분으로 최대한 많은 대출을 받고 싶다면 은행에 사업계획서를 내야 한다. 은행이 납득할 수 있는 사업이면 손해 볼 확률이 낮다고 봐야 한다. 은행이 거절한다면 자신의 부동산 투자 내용에 대해 심각하게 살펴봐야 한다.

은행은 매우 보수적이다. 이 사업자에게 대출을 내주었을 때 이자를 꼬박꼬박 받을 수 있어야만 한다. 그러자면 이자를 밀리지 않을 정도로 사업성이 있어야 한다.

H와 투자자들은 서래마을에서 33억 원짜리 빌딩을 매입하면서 무려 23억 원이나 대출을 받았다.

1층에 상가가 있고 2~4층에 주택이 있는 다가구주택이다. 아파트는 담보대출이 70~80%씩 나오지만 주택의 경우 50% 받기도 힘들다.

규격화된 아파트는 단순 비교가 가능하고 가격을 판단하기 쉽다. 하지만 주택은 제각각 다른 면적과 형태, 입지를 지니고 있기 때문에 단순 비교가 어렵다.

또 아파트는 거래 시세를 기준으로 담보대출액이 결정되는데 비해, 주택은 감정평가액에서 방 개수마다 금액을 제외(방 공제)하고 대출액을 산정한다. 방을 임대할 경우 임차인에게 지급해야 할 최우선 변제금액이 발생하기 때문이다. 이 집이 경매라도 넘어가게 되면 은행은 최우선변제금액에는 손을 대지 못한다. 여러모로 대출받기가 어려운 대상이며 감정가격도 예측이 어렵다.

그래서 더욱 사업계획서가 필요하다. 자신이 목표로 하는 대출금액을 최대한 받기 위해서는 사업계획서를 준비해야 한다.

부동산 사업계획서는 어떻게 만들어야 할까. 마케팅 분야에서 일한 경험이 있는 사람들은 곧잘 사업계획서를 만든다. 부동산 분야라고 해서 사업계획서에 들어가야 할 기본이 달라지는 게 아니기 때문이다.

하지만 전문가가 아니어도 주택이나 빌딩 한 채 정도를 어떻게 운용해서 빚을 갚아나갈지를 보여주는 사업계획서를 얼마든지 만들 수 있다.

다시 서래마을 리모델링으로 돌아가보자. H가 33억 원짜리 빌딩을 매입하면서 23억 원 대출을 일으킬 수 있었던 비법이 바로 사업계획서다.

은행에 제출한 서류는 크게 3가지다.

첫 번째는 전체적인 자금 계획이 적힌 한 장짜리 종이다. 건물을 구입하고 리모델링에 필요한 전체 자금의 조달 계획을 밝히고, 리모델링 기간 동안 이자를 납부할 수 있는 능력이 있음을 증명하고, 건물을 고친 이후 이자와 원금 납부를 병행하겠다는 계획을 적었다.

두 번째는, 건물을 어떻게 리모델링해서 월세수입 얼마를 창출하겠다는 보고서를 만들어 함께 제출했다.

보고서에는 서래마을의 주택시장조사 내용과 리모델링 계획안, 임대수입료 예상액, 리모델링을 통한 건물가치의 상승가격 등의 내용을 담았다.

세 번째는, 월세수입을 예상한 설계안이다. 면적별로 얼마의 임대료가 책정되고 발생하는지 일목요연하게 보여준다.

이 모든 제출 자료는 추가적인 대출을 받기 위한 것이다. 은행에서 감정가격을 기준으로 제시한 금액이 적절하다면 이렇게까지 작성해서 제출할 필요는 없다.

다만 부동산 투자도 창업하듯이, 자신들이 하는 행위가 적합한지 따져보고 그 결과를 예측해보는 과정은 반드시 필요하다. 일부러라도 사업계획서를 만들어보고 예상수익을 계산해보자. 그리고 사업이 끝난 후 결과와 대비해보자. 처음 한번이 어렵지, 2~3번 정도 경험하면 익숙해진다. 또한 사업계획서 만드는 일에 익숙해질수록 당신은 프로가 되어간다.

서래마을 사업계획서 (은행 제출 1)

– 자금조달계획

대출요청액 : 23억 원

총사업금액 : 38억 원

현재 매매금액 33억 원에 추가금으로 5억 원(취득세 1억 3,000만 원, 1층 권리금 3,000만 원, 부동산 중개수수료 3,000만 원, 리모델링 공사비 3억 원) 등 총 38억 원 필요한 사업지.

대출 23억 원에 나머지 15억 원에 대한 자금조달 방법은 새 건물의 월세 보증금 5억 원과 현재 살고 있는 용인 땅콩주택(다가구 2가구) 매매해서 7억 원을 만듦. 나머지 3억 원은 현금 보유금액임(친구로부터 투자 받음).

현재 서래마을 본 건물 말고 다른 건물에 월세를 살고 있음

– 리모델링 기간 동안 이자 납부 능력

2개월 남짓한 리모델링 기간 동안 내야 하는 23억 원 대출금에 대한 월이자 630만 원은 현재 통장에 예금되어 있는 5,000만 원의 여윳돈으로 해결.

– 차주 김00의 이자 해결 방법

리모델링 후 월수입 1,450만 원 중 이자 630만 원을 납부하고, 남은 금액 중 월 700만 원은 대출금 원금상환에 쓰겠음.

매달 이자와 원금을 납부하고 남는 120만 원은 모아서 재산세 및 세금 납부에 쓰겠음.

서래마을 사업계획서 (은행 제출 2)

서래마을 사업계획서 (은행 제출 3)

층별 면적표

구분	층	용도	기존 면적		발코니 확장		전체 면적		기존 월세		리모델링 후 월세	
			M²	평	M²	평	M²	평	보증금	월세	보증금	월세
지상층	다락	1가구			24.22	7.33						
	4층		94.11	28.47	7.33	2.22	101.44	30.69	주인 거주		100,000,000	250
	3층	2가구	134.29	40.62	33.65	10.18	167.94	50.80	520,000,000	37	150,000,000	325
	2층	2가구	134.29	40.62	33.65	10.18	167.94	50.80	370,000,000	85	150,000,000	325
	1층	근생	126.45	38.25			126.45	38.25	80,000,000	390	100,000,000	550
합계			489.14	147.96	98.85	29.91	563.77	170.54	970,000,000	512	500,000,000	1,450

최소 투자로 최대 수익이 목표

모든 투자가 그렇지만 최소 투자로 최대 수익을 내는 게 목표다. 그렇다고 해서 기본을 간과하라는 얘기가 아니다. 목표달성을 위해 과정을 모두 무시한다면 결과적으로 좋은 투자라고 할 수 없다.

건물은 존재를 남기기 때문에 어떤 식으로든 나의 투자 결정이 타인에게 영향을 끼친다. 부동산 투자자는 이런 철학을 바탕에 두어야 한다. 말도 안 되는 건물을 지어서, 대충 팔아 치울 생각을 해서는 절대 안 된다.

예를 들어, 투자비 가운데 조절할 수 있는 것은 건축비뿐이다. 땅값은 깎는다고 해도 한계가 있다. 결국 건물을 고치거나 새로 지을 때 비용을 줄이려고 애쓰게 된다.

어떤 부동산 투자 서적에서는 평당 200~250만 원에 건물을 지어서 삼삼한 재테크를 한다고 소개하기도 한다. 어불성설이다. 건축주가 직접 공정마다 일꾼들을 찾아와서 직영공사를 한다고 해도 어려운 금액이다.

평당 250만 원짜리 건물이 제대로 지어졌을 리 만무하다. 짓고 나서 몇 년은 그럭저럭 괜찮을지 모른다. 그러나 머지않아 문제를 일으킨다. 지은 사람은 팔고 떠나면 그만이지만 그 집의 수명은 줄어들어 사회적 비용을 발생시킨다. 사는 사람도 쾌적하지 못해 결국 수익성에도 영향을 미치게 된다.

건축비를 조절하더라도 기본은 지켜야 한다. 가장 중요한 구조, 단열, 창호, 습기차단 공사는 아끼려고 해서는 안 된다. 법적 기준을 지키는 것은 기본이고, 현재 기준보다 높은 성능에 투자해두어야 20년 정도는 유지되는 내구성을 갖게 된다.

그밖에 부분에서는 투자비를 줄일 여지가 있다. 대표적인 게 구조다. 평면을 단순하게 짤수록 공사비가 줄어든다는 점을 기억해두자. 벽이 많으면 자재도 많이 들고 인건비도 늘어나기 때문이다. 인테리어 자재도 선택의 폭이 넓다. 자재 하나만 전략적으로 써도 수백만 원이 절약된다.

경기도 남양주시 별내신도시에 가면 프로방스풍의 멋스러운 상가주택을 짓고 입주한 부부가 있다. 부부에게는 벌써 세 번째 경험

244

한 집짓기였다.

첫 집은 전원주택으로 시행착오가 많았다. 건축주 되기가 얼마나 어려운지 뼈저리게 경험했다고 한다.

두 번째 집은 상가주택이었다. 첫 경험의 오류를 잘 정리해 적용해보았다. 두 번째 집을 지으면서 자신감을 얻었다. 그래서 세 번째 집에 도전했다. 세 번째 집은 최소 투자로 최대 효과를 내는 것을 목표로 했다.

부부는 설계단계부터 시공비용을 예측했다. 경험 많고 유능한 건축가들은 자신의 설계도로 얼마짜리 시공이 가능한지 가늠할 수 있다. 사용할 자재만 결정해도 설계단계부터 시공비를 조율해나갈 수 있다.

우선 건물의 모양을 최대한 단순화했다. 꺾어지는 면이 많을수록, 복잡한 구조일수록 공사비가 올라가는 건 기정사실이다. 대신 건물 정면을 프로방스풍으로 디자인해 건물에 포인트를 주었다.

2층부터 4층까지 주택의 실내 벽지는 흰색 한가지로 통일했다. 두 번째 지은 상가주택에서 방과 거실, 주방마다 다른 벽지를 시공하고 공간마다 포인트 벽지까지 넣을 정도로 인테리어에 관심이 많던 부부였다. 거기다 주인집, 임대세대 할 것 없이 온통 실크벽지를 선택했다. 그랬더니 자재비도 많이 들고 시공비도 비쌌다.

비싼 벽지가 제값을 해주었다면 실망이 덜했을 것이다. 임대하고 보니 벽지는 가구가 다 가리고, 오히려 실내가 복잡하고 좁아 보이기까지 했다.

그 경험을 바탕으로 세 번째 집에서는 흰색 벽지로 통일하고 합지벽지를 사용했다. 그랬더니 벽지값이 3분의 1로 줄었고 시공비도 절약됐다. 실크벽지는 시공에 드는 시간이 더 길고 필요 인력도 더 많기 때문에 인건비가 많이 나간다.

부부에게 세 번째 집짓기는 큰 보람을 안겨주었다. 임대세대도 집이 넓어 보인다며 만족했다. 그들은 네 번째 집을 짓고 싶다며 땅을 보러 다녔다.

건축은 알면 알수록 거품을 빼고 내실을 다질 수 있는 부분이 많다. 최소 투자로 최대 수익을 낼 수 있는 방법을 하나씩 알아가면서 당신도 전문가로 성장해가는 것이다.

공동투자를 하기 전 준비해야 할 것들

부모형제, 친지, 이웃, 친구 중에서 찾아라

333 프로젝트를 하려면 공동투자를 할 사람이 필요하다. 우리는 동업을 부정적으로 보는 경향이 있지만 실제 동업해서 성공하는 사람은 얼마든지 많다.

누구와 함께 할 것인가가 문제다. 초보일수록 경험이 적을수록 부모형제부터 찾아보라고 권하고 싶다. 부모형제만큼 보완이 잘 되는 관계도 드물다. 서로의 장단점을 잘 알기에 서로의 부족한 점을 채워줄 수 있다. 무엇보다 마음을 모으기가 쉽다.

다만 돈에 관한 한 서로가 정확히 계산해야 한다. 부모의 돈을 내 것처럼 생각하거나 형제의 돈을 대수롭지 않게 여긴다면 성공해도 실패한 거나 다름없다. 돈을 벌 수는 있어도 부모형제를 잃게 되기 쉽다.

이웃도 좋은 파트너가 될 수 있다. 서울 강동구 친호동에 가면 나란히 살던 30년지기 이웃이 함께 2011년에 개발한 도시형생활주택이 있다. 처음 사업을 제안한 A(당시 58세)는 2년 후 퇴직을 앞두고 있었다. 기존 단독주택이 노후화돼 처분을 하고 아파트로 이사할까도 고민했다. 그렇지만 단독주택을 팔고 아파트로 들어가면 노후자금이 걱정이다. 집을 헐고 새로 지으려고 해도 수익성이 나지 않았다. 165m²(50평)이 채 되지 않는 작은 땅이었다.

한창 도시형생활주택이 붐을 일으켜 너도나도 짓겠다고 나서던 시기였다. A는 한 건축가가 개최한 설명회에 찾아가 사업성 분석을 의뢰해봤지만 신통치 않았다. 대신 이웃 땅을 합쳐서 개발하면 수익성이 좋을 것이라는 의견이 돌아왔다.

A는 이웃집 B를 적극 설득해 건축가를 다시 찾아갔다. 규모가 작은 오래된 도심 속 주택지에서는 나홀로 개발로 수익성을 기대하기가 어렵다는 점을 깨달은 B는 A와 힘을 합쳐 도시형생활주택을 건축하고 임대사업자로 나섰다.

오래된 2층 구옥 2채를 헐어낸 자리에는 월세 150만 원이 나오는 1층 상가 3호와 월세 1,300만 원이 나오는 2~6층 원룸 27세대가 들어찬 건물이 세워졌다.

두 사람의 충돌도 없지 않았는데, 대처방식이 현명했다. 가장 큰 문제는 집을 다 짓고 난 후 지분을 나누는 단계였다. 두 사람 다 1층 상가를 욕심냈지만, 3호를 반씩 분배해서 1.5호씩 소유할 수는 없었다.

2~6층의 원룸을 나눌 때도 신경전이 벌어졌다. 고층으로 갈수록 선호도가 높기 때문에 너도나도 위에 층을 소유하려 했던 것이다.

A와 B는 어떤 결정을 내렸을까. 우선 상가는 모두 B에게 소유권을 주었다. B는 부동산중개업자로 상가가 필요한 상황이었다. 자영업자가 자기 상가에서 월세를 내지 않고 영업할 수 있다면 더할 나위 없이 좋다. 그 대신 A의 건물임대와 관리를 B에게 맡겼다.

이렇게 되면 A 입장에서는 건물임대에 신경 쓰지 않아도 된다. B가 열심히 임대할수록 자기가 챙겨갈 중개수수료도 많아지기 때문에 공실 걱정을 덜 수 있다. 대신 상가를 양보한 A는 전망이 좋은 4~6층 원룸을 소유하기로 했다.

지분은 면적을 기준으로 정확히 반씩 나눴다. 그러다 보니, 원룸 한 채가 어정쩡하게 남았다. 이것도 0.5실씩 나눌 수는 없는 노릇이다. 결국 두 사람이 참여한 입찰을 진행했다. A가 입찰금액 5,000만 원을 적어 내서 자기 소유로 가져왔다.

이웃도 얼마든지 합리적인 결정 속에서 공동개발을 할 수 있음을 보여준다. 최근 정부가 도심재생뉴딜사업의 일환으로 '자율주택정비사업'이라는 새로운 제도를 만들었다. 이웃한 필지들이 함께 재건축에 나서면 규제를 완화해주고 금융지원도 하는 제도다. 이웃과 친하게 지내자. 이런 기회가 왔을 때 이웃은 훌륭한 공동투자자가 될 수 있다.

친구도 공동투자자로 추천한다. 나 역시 처음 공동투자를 시작할 때 친구를 불러모았다. 처음에는 의심 반 호기심 반의 심정으로 참여했던 친구들이 지금은 전화 한 통에 투자를 결정하는 수준에 올랐다.

친구를 고르는 기준은 일단 관심이 있어야 한다. 무조건 우격다짐으로 참가시켜서는 안 된다. 그리고 공동투자에 대해 충분히 이해하는 친구여야 한다. 권리도 모두에게, 책임과 의무도 모두에게 있다는 점을 받아들여 실천할 수 있어야 한다.

둘은 비추, 셋은 강추, 사람 많으면 그룹으로

333 프로젝트라고 굳이 이름 붙인 이유가 있다. 실제 공동투자를 해보니, 두 사람보다는 세 사람이 모이는 게 낫다는 결론에서다. 둘은 의견이 대립하기 쉽다.

건축가들은 '3'이라는 숫자를 매우 좋아해서 3평, 3자, 9평 등 3을 기준으로 공간을 많이 나누려 든다. 마찬가지로 투자도 짝수보다는 홀수로, 3명이 함께 하는 게 균형을 잡기가 좋다고 본다. 그래서 셋이서 하는 공동투자를 권한다.

투자를 많이 하는 사람들은 그룹을 짓기도 한다. 서울 용산구 용문동 단독주택을 상가주택으로 개발하는 공동투자에 모두 5명이 참여 중이다.

5명이 한 번에 모여 의사결정을 하기가 힘들기도 하고, 5명이 균

등하게 투자금을 내놓기도 어려운 상황이었다. 그래서 원래 지인이던 사람들끼리 2명, 3명씩 그룹을 이루어 그룹 대 그룹으로 의견을 전달하고, 최종 수익도 그룹에 나눈다. 그런 후 그룹 내의 지분에 따라 다시 수익을 배분하기로 했다.

사람이 많을 경우에는 몇 명씩 묶는 방법도 고려해볼 만하다. 의사결정과정에 너무 많은 사람들이 참여할 경우 의견이 분분해진다. 또 시간을 다투는 문제의 경우 기회를 잃게 된다. 그래서 그룹을 짓고 그룹마다 대표가 있어서 빠르게 의견을 수렴해 그룹 대표끼리 최종 결론을 내린다. 어떤 방식이든 창의적으로 하면 된다. 다만 이런 방법도 있다고 말해주려는 것이다.

적어도 1명은 부동산 안목이 높아야 한다

부동산에 대해 전혀 모르는 3명이 모였다면 솔직해져야 한다. 개중 조금 낫다고 아는 체를 했다가 셋이 다 망할 수 있다.

부동산 안목이란 결국 땅을 보고 무엇을 할 수 있을지 알 수 있는 눈이다. 그런 눈을 기르는 과정은 단순하지 않아서, 길러두면 평생 써먹을 수 있다.

부동산 안목이 좋은 1명이 여러 명에게 수익을 안겨주기도 한다. 그도 자기 자금이 크다면 여러 사람을 불러들여 사업하지 않을 것이라고 생각할 수도 있다.

그런데 공동투자를 하는 사람들이 더 영리하다. 자신이 보유한 자금이 크면 큰 대로, 더 큰 자금을 모아서 투자한다. 투자는 결국 네트워크라는 점을 알고 있기 때문이다.

부동산 안목이 좋은 그 한 사람도 전지전능하지 못하다. 스스로 그 점을 알기에 함께 하는 것이다.

모든 부동산 개발에는 리스크가 있다고 봐야 한다. 어떤 투자인들 리스크가 없겠는가. 다만 부동산 개발은 충분히 예측가능하고 대비할 수 있는 리스크라는 점이 다를 뿐이다.

현명한 부동산 투자자일수록 리스크를 인정한다. 그래서 더욱 공동투자를 하고 자산을 고루 분배해서 안정망을 만드는 것이다. 한쪽이 망해도 끄떡없는 포트폴리오를 구축하는 것이다.

내 자신이 부동산 안목이 부족한데 공동투자를 하고 싶다면, 당장에는 안목 좋은 사람을 찾아야 한다. 그리고 서서히 자신의 안목을 넓혀나가야 한다. 당신도 어느 순간 부동산 안목이 좋은 1인이 될 수 있다.

참여자들의 역할이 성패를 가른다

333 프로젝트에서는 참여자들의 역할이 매우 중요하다. 한 사람에게 모든 것을 맡겨서는 안 된다. 그럴 경우 문제가 발생한다. 한 사람이 독단적으로 이끌게 되면 불만을 갖는 구성원이 반드시 나타난다. 모든 내용을 공개하고 공유해야 한다. 또 한 사람에게 모든 것을 맡기면 그 한 사람이 억울해진다.

땅을 찾고 매입하고 대출을 일으키고 설계하고 집을 짓는 일련의 과정에는 많은 시간 투자와 노력이 필요하다. 한 사람에게 맡겨 놓고 신경 쓰지 않으면 그 사람이 억울해질 수밖에 없다. 나중에 이익을 분배할 때도 불만의 소지가 된다. 힘들게 사업을 해놓고는 등 돌리는 사이가 되기 십상이다.

서울 관악구 조원동에 가면 부모와 출가한 세 자매가 함께 개발한 다세대주택이 있다. 부모가 살던 단독주택필지 옆에 큰딸이 필지를 사면서 나란히 붙은 땅을 다세대주택으로 개발했다.

그들의 개발스토리를 들으며 가족이 뭉치면 힘이 훨씬 더 세질 수 있다는 생각이 들었다. 가족들은 자신이 잘 할 수 있는 분야를 선택해 역할을 분담했다. 인테리어 감각이 좋은 첫째와 둘째 딸은 실내평면과 마감자재를 결정하기 위해 시장조사에 나섰다. 첫째 사위는 설비와 외장재 같은 묵직한 공사를 담당해 퇴근 후 도서관을 드나들며 공부했다. 둘째 사위는 자금과 통장을 관리하며 전체적인 자금흐름이 원활하도록 도왔다.

이렇게 역할분담에 따라 각자가 조사하고 공부해온 자료를 내놓고 함께 공유하고 토론하는 일도 게을리하지 않았다. 결국 총 8세대로 구성된 다세대주택을 지어 네 채는 부모와 세 딸이 살고, 나머지는 전세로 임대를 놓았다.

이들 가족 중에 인테리어 업자나 건축업자, 설계자 등 건축 관련 직업을 가진 이는 아무도 없다. 일반인도 각자가 지닌 재능을 합치면 부동산 개발을 할 수 있음을 보여주는 사례다.

함께 성공하는 방법을 찾아야 한다

사업을 잘 하는 사람들의 특성 중 하나가 윈윈하는 자세를 지녔다는 점이다. 혼자서 잘 되기를 바란다면 혼자 투자하면 된다.

그러나 우리는 공동투자가 필요한 사람들이다. 우선 여유자금이 많지 않다. 여유자금이 많을수록 선택할 수 있는 부동산이 많아진다. 자금이 적으면 한계가 많다. 그래서 함께 모여서 투자하는 것이다.

윈윈하면 기회가 많아진다. 당신과 함께한 과정과 결과가 좋으면 상대방은 다시 당신과 함께 하길 원한다. 좋은 정보가 있으면 당신부터 찾게 된다. 이렇게 한두 번 좋은 경험이 쌓이면 자연스럽게 투자그룹이 형성된다.

작은 시행자로
성장하기

처음이 어려울 뿐, 경험하면서 성장하라

"기자님, 왜 사람들이 집 지으면 10년 늙는다고 하는지 아세요?"

"글쎄요. 그만큼 어렵다는 얘기겠죠."

"저는 그렇게 생각하지 않아요. 집을 딱 한 번만 지으니까 10년 늙는다고 말하는 거예요. 두 번째 지어보세요. 5년 늙는구나 그런 생각이 들어요. 그런데 세 번째 지으면 어떤지 아세요? 집 그거 지을 만하네 그런다고요. 그리고 네 번째부터는 집 지을 때마다 5년씩 젊어지는구나! 그런 생각이 저절로 든다니까요. 집 많이 지으면 회춘하는 거예요. 하하!"

앞에서 정보분석형 부동산 투자자라고 소개한 40대 초반의 남성이 나를 앞에 앉혀두고 한 말이다.

그는 3년 전 아주 작은 집터를 하나 구해서 공사기간 내내 현장에

머물며 직접 짓다시피 완공했다. 그런 후 두 번째 집을 지었고, 3년 간 7채의 집을 지었거나 짓는 중이다.

처음 한 번이 어려웠지, 그 뒤부터는 한결 수월해지고 7채쯤 지으니까 사업계획이 그려진단다.

그의 말이 맞다. 처음 집 지은 사람들의 8~9할은 속을 썩었다고 하소연한다. 그런데 간혹 두 번째 짓거나, 세 번째 짓거나 자기가 살 집을 여러 채 지어본 사람들을 만나곤 한다. 그 사람들의 특징은 매우 여유가 있다는 점이다.

전원주택을 짓고 사는 사람들도 이사를 한다. 한 자리에서 10년 이상 살았다는 사람도 있지만 처음 집을 짓고 5~6년쯤 살고 나면 요령이 생겨서, 다른 시골로 이주하는 사람도 자주 본다. 한번 집을 짓고 살다가 팔기까지 해본 사람들은 어떻게 집을 지어야 잘 팔리는지, 가성비가 높은지 어느 정도 감을 잡는다.

하물며 세 번, 네 번 지은 사람은 도사가 된다. 그 즈음 되면 공정별로 일꾼들을 불러와서 직영공사를 한다. 집 짓는 일정을 줄줄이 꿰고 조율할 수만 있으면 직영공사도 가능하다.

첫 술에 배부를 수는 없다. 작은 것부터, 만만한 것부터, 리스크가 적은 것부터 시작해보자. 만약 실패하면 내가 들어가 살아도 될 만한 부동산이라면 겁낼 이유가 없다. 부동산 가치는 쉽게 소멸되지 않는다. 엉뚱하게 개발하지만 않는다면 가치를 찾을 수 있다.

시행, 아무나 할 수는 없지만 누구나 도전할 수 있다

지금껏 한 얘기는 결국 시행에 관한 얘기다. 시행이 도대체 뭔가. 한번 알아보자.

통상 말하는 시행자란 어떤 부동산 개발사업의 실질적인 사업 운영자를 말한다. 재건축 아파트의 시행자는 재건축 조합이 된다. 민간 분양아파트의 시행자는 민간사업자(부동산 개발회사, 주택사업등록자 등)이 된다. 공공임대아파트의 시행자는 공공기관(LH, SH 등)이다.

시행자는 부동산 개발사업을 실행하는 장본인들이다. 시행자는 시공자(보통 건설회사)에 공사를 맡겨서 건물을 완성하고 금융기관으로부터 자금을 조달한다.

333 프로젝트를 실행하는 우리 또한 시행자와 같다. 토지를 매입하고 개발 방향을 설정하고 금융기관을 찾아가 대출을 통해 개발자금을 조달하고 시공자나 시공사를 찾아 공사를 진행한다.

이런 일련의 과정에는 노하우와 경험이 필요하다. 그렇지만 그 벽이 높기만 한 건 아니다. 33m²(10평)짜리 집 한 채를 짓는 것도 작은 시행이다. 아파트를 짓는 것처럼 개발업의 과정을 밟아야 한다. 다만 작은 시행은 적용되는 법이 단순하고 인허가 절차도 단순해서 미니 개발업이라고 할 수 있다.

당장 연립주택 건설에 시행을 맡으라거나 아파트 건설을 시행하라고 한다면 어렵지만, 66m²(20평)짜리 집 한 채를 시행하는 일은 일반인인 당신도 할 수 있다. 좀 더 완벽하고자 한다면, 전문가를 활용하면 된다. 믿음직한 현장소장을 고용해서 배워가며 지을 수도 있다. 노련한 건축가들도 시행 능력이 있으니, 파트너로 함께 하면 된다.

주변에 시행을 전문으로 하는 사람들도 처음에는 작은 경험부터 시작해서 기업을 일궜다. 물론 애초 시행을 전문으로 하는 기업에 들어가서 일을 배우는 사람들은 큰 일부터 할 수 있다. 우리는 그런 직업인이 아닌 일반인으로서 할 수 있는 도전을 해보는 것이다.

한 번 집짓기가 어렵지, 두 번, 세 번 경험하면 즐거운 일거리가 될 수 있다.

직장인, 투잡도 가능하다

지금은 반퇴시대다. 반퇴(半退)란 본래 소득을 얻기 위해 일하는 시간을 상당 부분 줄이고 일하지 않는 시간 동안 공부, 여행, 자원봉사, 취미나 여가 생활 등을 하면서 은퇴 후의 삶을 준비하는 것을 뜻하는 말이다.

그러나 우리나라에서는 평균 수명에 비해 퇴직이 빠르고 퇴직 후 경제적 이유로 다시 구직 활동을 하게 된 세태를 일컬어, 은퇴해도 쉴 수 없다는 의미로 반퇴를 더 많이 사용되고 있다.

사회가 고령화되고 은퇴시기가 빨라지면서 노후를 안정되게 보내려면 평생 3개의 직업이 필요하다는 주장도 나온다. 실제 우리나라 사람들이 경제활동을 그만두는 나이는 70세에 육박한다. 60세까지 일하고도 새로운 일을 찾아 제2의 인생을 시작해야만 노후를 안정되게 보낼 수 있기 때문이다.

그나마 60세까지 정년을 보장받을 수 있는 사람들이라면 2개 정도의 직업만 영위해도 남은 인생을 꾸려나갈 수 있다. 문제는 40~50대 이른 은퇴를 하는 사람들이 적잖다는 것이다. 또한 20~30대 일자리도 불안정하다.

그래서 필연적으로 투잡을 준비해야 하는 시대이기도 하다. 낮에는 직장을 다니면서 저녁에 간단한 아르바이트를 하거나, 소자본으로 창업할 수 있는 PC방 등 가게를 운영하는 직장인들도 있다.

직장에 다니면서 부동산 재테크를 할 수 있다. 보통은 자기 집 짓기부터 시작된다.

서울 용산구 용문동에 가면 본인이 살던 단독주택을 헐고 5층짜리 상가주택을 짓는 과정에서 시행자로 거듭난 은퇴자가 있다. 집을 짓는 과정을 철저히 준비하고 전 과정에 관여하면서 그는 나름의 시행 매뉴얼을 만들어냈다. 집을 잘 지었다고 소문이 나자 동네 사람들이 찾아왔고 어느덧 그는 남의 집을 개발하는 데 도움을 주는 컨설팅을 하게 됐다. 자기 집을 지은 경험을 살려 은퇴 후 새 일을 찾게 된 것이다.

자기 집을 짓지 않고도 공동투자에 참여하는 것은 얼마든지 가능하다. 작은 부동산 개발은 매일 전적으로 매달리지 않아도 되기 때문이다. 또한 여러 사람이 함께 하니 역할분담으로 시간적 부담을 덜 수도 있다.

건물주가 되기 위해 차근차근 준비하자

딱 10년이면 된다. 금전적 여유가 없어도 공동투자를 통해 작은 시행에 나선다면 10여 년 정도면 얼마든지 경험과 부를 쌓아나갈 수 있다.

전적으로 매달린다면 짧은 시간에도 건물주가 될 수 있지만, 당신은 직업이 있고 투잡을 해야 하는 입장이다. 부동산 재테크를 하겠다고 직업을 던져버리고 올인하는 어리석음을 범해서는 안 된다. 따라서 서두르거나 조바심을 내서 위험한 투자를 할 필요가 없다. 그렇다고 마냥 느긋하게 남이 하는 것만 바라보고 있어서는 안 된다. 기회는 내 곁에서 흘러가고 있다.

전국의 30년 이상된 노후주택이 50%가 넘는다. 노후주택은 리모델링을 하든 재건축을 하든 어떤 형식으로든 변화를 요구받는다.

지금도 도심재생뉴딜사업이라는 큰 파도가 밀려오고 있다. 전국의 노후불량 주택을 적극적으로 바꾸겠다는 정부의 의지가 자율주택정비사업 등 새로운 형태의 부동산 개발사업으로 구체화되고 있다. 최근의 이런 변화는 기회가 될 수 있다.

시대가 달라지고 있다는 점도 기회로 잡아야 한다. 집은 많아지고 있지만 1인 가구가 늘어나면서 새로운 시스템의 집과 주거 서비스를 요구하고 있다. 새롭게 등장한 수요는 시행자의 아이디어에 따라 얼마든지 수익률이 좋은 부동산을 개발할 수 있는 여건이 된다.

한 가지 주의할 점은 과장된 수익률에 사로잡혀 돈만 쫓아 다녀서는 부동산 재테크가 제대로 되지 않는다는 점이다. 몇 배의 차익으로 대박이 난 것처럼 소개되는 사례들이 있지만 현실에서는 대박 부동산을 만나는 게 어렵다는 점을 인정해야 한다.

대박 부동산을 쫓아다닐 시간에 작은 수익이 나는 부동산 개발이라도 직접 경험해서 교훈과 실력을 쌓는 편이 훨씬 도움이 된다.

공동투자의 과정을 거쳐 궁극적으로는 당신이 원하는 건물주가 되어야 한다. 그 기간을 단축하기 위해서라도 공동투자가 필요하다. 동업이 어렵다는 것은 해보지 않은 사람들이 미리 하는 걱정일 뿐이다.

혼자하는 것이 훨씬 어렵고 더디다. 서민들이 부동산 재테크에 따르는 위험을 분산하고 실행력을 높이기 위해서는 공동투자만이 답이다.

제4부

333
프로젝트
유형별 사례 9가지

01

강남 24억 원 빌딩 리모델링 사업
- 반지하가 450만 원짜리 상가로 환생

서울 서초구 반포동 서래마을

– 둘이서 4억 5,000만 원씩 실투자

– 24억 원 빌딩 매입해 리모델링

– 1년 만에 10억 원 올라 100% 수익 달성

before

after

대지면적 171㎡(52평)
연면적 380㎡(115평)
규모 반지하와 1층은 상가
　　　 2층 투룸 2가구
　　　 3층 쓰리룸 1가구

모든 층을 상가로 변경

대지면적 171m²(52평)

연면적 380m²(115평)

매입가 24억 원

취득세 1억 원

건축규모 지하1층~3층 상가

공사비 2억 원

대출금 17억 원

실투자금 9억 5,000만 원

월세수입(보증금/월세) 총 1억 8,000만 원/월세 1,250만 원

3층 상가 3,000만 원/150만 원

2층 상가 5,000만 원/250만 원

1층 상가 5,000만 원/400만 원

반지하 상가 5,000만 원/450만 원

＊반지하와 3층을 묶어서 임대

　오랫동안 매물로 나와 있었지만 매매가 성사되지 못한 건물이다. 건물의 입지는 매우 좋다. 대로변에서 살짝 안으로 들어와 있어 접근하기 편하고 찾기가 쉽다. 건물 주변으로 카페와 음식점 영업이 활발히 이뤄지고 있는 것만 봐도 상권이 살아 있는 지역이다.

　그런데 이 건물만 유독 매매금액이 갈수록 떨어져 투자가치를 의

심케 했다. 처음에는 주인이 30억 원에 건물을 내놨다는데 인기가 없어서 24억 원까지 떨어졌다. 하지만 투자가치는 바로 그 단점 속에 숨어 있었다.

일차적으로 매매가 안 된 이유는 1층에 영업 중인 삼겹살집 때문이다. 이 집에서 나오는 냄새로 2, 3층 주택을 제대로 임대하기 힘든 상황이다. 그럼에도 삼겹살집과의 계약을 유지하는 이유는 가장 확실하게 많은 월세가 나오기 때문이다.

반지하에 있는 투룸도 공실이 된 지 오래다. 특히 2대의 주차구획선이 입구를 막고 있어 반지하층을 상가로 용도를 변경해도 임대는 불가한 상태였다.

우선 신축을 고려해보았다. 당시 건물은 건폐율 60%에 용적률 200%를 적용받아 지은 건물로, 건물 바닥면적이 땅의 60%를 차지하고 있었다.

신축을 할 경우 변경된 새로운 건축법이 적용된다. 건폐율 50%에 용적률 250%로 더 높은 건물을 지을 수 있는 것이다.

그렇다면 용적률 높은 땅이 상대적으로 인기가 더 좋은 법인데, 이 건물은 왜 인기가 없을까. 그 이유는 땅이 작기 때문이다. 52평 땅에서 용적률 250%를 제대로 찾아 쓰기 어렵다. 또 건폐율이 낮다. 건물 1층 바닥면적이 작아지면 오히려 임대수익이 떨어질 수도 있다. 따라서 신축은 큰 이득이 없다는 결론이 나왔다.

이 땅은 서래마을의 중심상권에 위치해 있다. 도로변에서 금세 진입하는데다 눈에 잘 띈다. 이런 메인상권에서는 주거임대가 잘 일어나지 않는 법이다. 따라서 건물의 용도를 상가로 바꾸기로 했다.

1층 삼겹살집은 소문이 난 맛집으로 월세가 꼬박꼬박 잘 들어온다. 그대로 장사를 유지하면서 리모델링 공사를 시작했다.

이 건물의 승패는 반지하층을 마치 1층에 있는 상가처럼 만드는데 있다. 그렇게만 할 수 있다면 월세수입이 크게 늘어난다. 상가 건물에서는 1층 월세가 가장 비싸기 때문이다.

또한 주거로 사용하던 2, 3층 자리에 상가 임대를 성사시킬 수 있냐가 관건이다. 이 2가지 문제를 해결하면 시세대로 건물값을 30억 원으로 끌어올릴 수 있다.

우선 반지하와 3층 임대를 통으로 묶어서 내놓는 전략을 썼다. 묶는 조건으로 3층 임대료를 저렴하게 책정하는 방법으로 세입자에게 이점을 주면 된다.

예를 들어 1층 공간이 모자라 위층을 사무실이나 창고로 쓰는 경우가 더러 있다. 요즘 베이커리 카페들은 1층 임대료가 비싸기 때문에 빵 만드는 주방을 지하층이나 최고층에 얻는다. 대신 1층 매장에 좌석을 넉넉히 배치해서 매출을 올린다.

도로에서 전혀 인식이 안 되는 반지하 문제도 획기적으로 해결했다. 가로 전면주차장을 세로 주차장으로 변경한 것이다. 건물의 입구를 모두 막아버리던 주차장이 세로로 바뀌자, 어두컴컴하던 건물 입구가 전면도로에 드러났다.

둔덕처럼 흙이 쌓여 있던 반지하층 뒷마당도 멋진 영업공간으로 탈바꿈시켰다. 흙을 50cm 정도 파내고 데크를 설치했고 실내를 거쳐 뒷마당까지 쉽게 나갈 수 있도록 동선을 짰다. 반지하 전체의 임대 면적이 늘어난 것은 물론이고, 어두컴컴하던 동굴이 채광과 바람이 통하는 쾌적한 공간으로 변했다.

반지하와 3층을 묶어서 임대를 내놓았더니 적임자가 나타났다. 반지하에는 디저트 가게를 개업하고 3층에 빵공장을 만들어 반지하의 카페로 보낸다.

디저트 카페가 들어오니 건물이 살아났다. 1층 삼겹살집도 여전히 성업 중이다.

24억 원에 빌딩을 매입한 후, 공사비 2억 원을 투자해서 주거에서 상가로 용도를 바꾼 이 건물의 가치는 현재 38억 원이다. 1년 사이 무려 10억 원 이상 값이 뛰었다. 지인 둘이서 4억 2,500만 원씩 총 9억 5,000만 원을 투자했으니 실투자금 대비 무려 2배 이상의 수익을 거둔 셈이다.

공사 전 건물 전경

외관공사 모습

주택으로 쓰던 2층은 리모델링을 통해 상가로 용도를 변경했다.

주차장에 가려 어두침침했던 반지하가 상업공간으로 변신했다.

주차공간을 세로로 바꿔 상가가 도로변으로 나올 수 있게 리모델링했다.
주차장과 매장 사이에 폴딩도어를 설치해 개방감을 높였다.

디저트 카페 내부 모습

집터 뒤쪽에 쌓여 있던 흙을 파내고 데크를 깔아 영업공간으로 활용했다.

뒷마당 데크 전경

반지하와 3층을 묶어서 임대했다.

집 모양의 외관 디자인이 거리에 활력을 불어넣고 있다.

02

용산 20억 원 노후단독주택 신축사업
- 저평가 땅 선점해 수익률 11% 셰어하우스로

서울 용산구 용문동
- 4명이 2억 원씩 투자
- 매입 후 3개월 만에 땅값 3억 원 올라
- 건물 완공 후에는 가치 상승 커

before

대지면적 175㎡(53평)
연면적 115㎡(35평)
규모 단층 다가구주택(2가구)

after

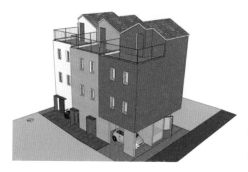

지하 1층~지상 1층 상가 4호
지상 2, 3, 4층 2룸 5가구
(셰어하우스 임대)

277

　　서울 용산구 용문동은 용산역세권 개발 움직임이 커지면서 최근 땅값이 오르기 시작한 곳이다. 동쪽으로는 용산전자상가가 위치하고, 서쪽으로는 몇 년 사이 주상복합 및 아파트, 오피스가 대거 들어선 공덕동이 연결된다.

　　2017년 4명의 투자자들은 수십 년 된 단독주택 한 채가 덩그러니 놓여 있는 175m2(53평) 땅을 매입하고, 2018년 3월 잔금을 치렀다.

　　그런데 잔금을 치르기도 전에 땅값이 올라 은행이 대출 증액을 자처하고 나섰다. 부동산을 매입한 후 개발하기도 전에 수익이 난 것이다.

은행 대출금이 늘어나자 자연히 투자자들의 실투자금이 줄게 된다. 실투자금이 작을수록 수익성이 높아지므로, 토지 매입 시기에 예측했던 임대수익률 7.8% 보다 더 큰 수익을 거둘 수 있게 됐다.

3월 착공, 지하 1층 지상 4층짜리 규모의 건물이 올라가고 있다. 지하 1층~지상 1층 상가는 모두 4개로 구획된다. 2~4층은 투룸 5가구를 만들어 셰어하우스 전문기업에 통째로 임대를 맡길 계획이다.

상가에는 요즘 젊은이들이나 고품질 디저트족에게 인기를 누리는 디저트 전문카페를 유치할 요량이다. 이 동네는 토박이 노인도 많지만 의외로 젊은이가 많다. 미용실과 식당에 가보면 느낄 수 있다. 낡은 단독주택을 리모델링한 유명 카페도 성업 중이고 골목 어귀에 작은 카페가 하나 둘씩 생겨나고 있다. 마치 지금은 독특한 카페가 즐비한 연남동의 초창기 모습 같은 분위기가 엿보인다.

개발지 바로 앞 땅에는 공동부엌이라는 새로운 개념의 셰어공간이 창업한다. 젊은이들이 66m²(20평) 남짓한 단독주택을 리모델링해서 부엌공간을 임대해주는 사업을 준비하고 있다. 직접 음식을 해서 먹으며 모임을 열 수 있는 곳이다. 바로 옆집에 디저트 전문카페가 생기면 서로에게 시너지 효과를 기대해볼 수 있다.

4개의 상가는 문을 따로 내어 각각 등기할 수 있도록 했다. 훗날 이 지역이 재개발될 경우에 대비한 것이다. 이렇게 문을 따로 내어 각각 등기를 하면 재개발시 4개의 권리를 얻게 된다.

2~4층을 투룸 5가구로 분리한 것도 재개발에 대비해서다. 이 지역에서 투룸으로 월세수입을 올리기는 어렵다. 투룸 정도면 전세를 원하기 때문이다. 따라서 교통과 입지가 좋아 젊은 임대수요가 많으니 셰어하우스로 운영해서 월세수입을 올리는 게 낫다는 판단이다.

무엇보다 용산 같은 지역은 땅값 상승 가능성이 높기 때문에 신축 후에는 개발비용보다 더 많은 비용을 치르더라도 건물을 사겠다는 투자자들이 나타난다. 이 프로젝트 역시 신축 후 매각을 목표로 개발 중이다.

붉은 벽돌 빌라와 맞붙은 검은 기와지붕 단독주택을 헐고 상가주택을 신축한다.

주변에 오래된 단층 주택이 즐비하다. 검은 기와가 길게 펼쳐진 집이 개발 대상지다.

주개발 대상 토지 바로 뒤편은 큰 도로다.

집터 주변에는 대부분 2~3층짜리 상가주택이다. 사람들 왕래가 잦아 늘 활기를 띤다.
공덕역으로 가는 마을버스가 이곳에 선다.

집 앞으로 나서면 용문시장으로 이어지는 넓은 골목길을 만난다.
용문시장은 제법 큰 재래시장이다.

신축을 하면 2개 층의 상가와 3개 층의 주택이 공존하는 상가주택으로 바뀐다.

03

동백신도시 전원형 상가주택 신축사업
– 신도시 경계 저평가 땅 개발로 순이익 높여

경기도 용인시 동백신도시

– 3명이서 실투자금 2,000만 원

– 신도시 인접지에 상가주택 신축

– 2년 뒤 팔아서 9,000만 원 수익

before

대지면적 257m²(78평)
개발 전 땅의 모습
(*사진은 디앤와이하우징 제공)

after

지하 1층 상가와 지상 1~3층 주거의 상가
주택

285

투자내역

대지면적 257m²(78평)

총비용 5억 5,000만 원(취득세 포함)

매입비 2억 5,000만 원

건축규모 지하 1층 상가 138m²(42평)

　　　　　지상 1~3층 단독주택 115m²(35평)

공사비 3억

대출금 5억 3,000만 원(준공 후 대출)

실투자금 2,000만 원(초기에 3명이 1억 원씩 총 3억 원을 투자한 후, 건물 준공

　　　　　후 전세보증금을 받아 5억 3,000만 원을 회수. 따라서 투자비는 2,000

　　　　　만 원만 남음.)

2년 후 매각 6억 4,000만 원

투자이익 9,000만 원(3명이 3등분)

셋이서 실투자금 2,000만 원으로 개발한 상가주택으로, 입지와 투자과정이 모두 흥미로운 케이스다. 대지는 신도시 경계선에 위치해 있다. 바로 지척에 놓인 신도시의 인프라를 모두 누릴 수 있고 주변 자연환경이 뛰어나 주거지로서 최상이다. 더구나 신축하면서 1층을 근린생활시설로 허가받았기에 창업이 가능하다.

처음 땅을 구입하고 공사를 시작하기 위해 3억 원의 비용이 필요

했다. 셋이서 1억 원씩 내놓아 총 3억 원을 모았다. 단독주택은 토지 담보대출이 적게 나온다. 따라서 준공난 후 대출을 받기까지 필요한 자금을 초기에 셋이서 대야 한다. 공사가 완료되는데 3~4개월 남짓 걸리므로 3~4개월간 단기로 쓰는 자금이라고 볼 수 있다.

공사가 완료되는 동시에 전세를 놓아 투자비는 빠르게 회수할 수 있었다. 전세금만 5억 3,000만 원이 들어왔다. 총투자금 5억 5,000만 원 가운데 전세보증금 5억 3,000만 원에서 토지 매입비 2억 5,000만 원과 투자금 2억 8,000만 원을 회수하고 남은 실투자금은 2,000만 원에 불과했다.

2년 후 매각할 때는 건물담보대출을 받아 새 주인에게 넘겼다. 총 투자비는 5억 5,000만 원인데, 매각 비용은 6억 4,000만 원으로 9,000만 원의 수익이 발생했다. 투자자 세 사람은 3분의 1씩 이익금을 회수했다.

건물은 완성 후 곧장 매각하지 않고, 2년 보유 후 매각했다. 1억 원의 차익이 발생한다고 해도 세 사람이 3분의 1씩 나누어 신고하기 때문에 양도세율도 낮아진다.

건물을 매수한 사람은 매매금액 6억 4,000만 원 중 5억 3,000만 원을 대출로 충당했다. 매달 5억 3,000만 원에 대한 이자는 120만 원에 달한다. 매수자는 1층에 공방을 운영하면서 부담 없이 낼 수 있는 수준이라고 한다. 신도시 내에서 30평대 공방을 오픈하려면 수백만 원대 월세를 내야 하므로, 내 집에서 월세 내는 게 낫다고 판단했다.

　사무실 임대료뿐 아니라 주거비용도 절감되는 효과가 있다. 1층에 공방 겸 사무실을 오픈하고, 주거공간에는 직접 입주해서 주택마련 비용을 이 건물에 투자했다.

　내가 살면서 아래층에서 비즈니스를 하려는 매수자가 있었기에 매각이 쉬었다.

네 가구로 이뤄진 미니 상가주택 타운. 1층은 상가영업이 가능하다. 맨 오른쪽 집이 333프로젝트 주택이다.

지하 1층 바닥 배근 작업 모습. 지하층은 상가로 사용할 수 있다.

지하 1층 완성 및 방수작업 모습

1층 거실 천정 구조재 시공 모습

우레탄폼으로 단열한 실내의 모습

지하층은 콘크리트로 시공하고 그 위에 주택은 경량목구조방식으로 시공했다.

지붕공사를 하는 모습. 지붕에 아스팔트 슁글을 덮고 있다.
(*공사 사진은 모두 디앤와이하우징 제공)

주거공간의 마당과 상가의 선큰(sunken) 마당이 분리되어 있다.
넓은 마당 덕분에 임대가 잘 나간다.

신도시 경계 지역의 저렴한 땅을 구입해 상가영업이 가능한 미니 상가주택으로 개발한 사례

04

면목동 노후주택 신축으로 임대사업
- 상가와 셰어하우스 결합해 임대수익률 최고점

서울 중랑구 면목동

- 은퇴 앞둔 40대, 친구 모아 각 2억 원씩 투자
- 월세 650만 원 나오는 상가주택 신축
- 은퇴 후엔 친구들 지분 매입해서 임대사업

before

대지면적 162㎡(49평)
연면적 148㎡(45평)
규모 단독주택

after

1층 상가
2~4층 포룸 3가구
(가구마다 3개층 이용)

대지면적 162m²(49평)

연면적 148m²(45평)

총개발비 8억 5,000만 원

매입비 4억 5,000만 원

건축규모 1층 상가 72m²(22평)

2~4층 포룸 3가구(수직형)

공사비 4억 원

대출금 3억 5,000만 원

실투자금 6억 원(준공 후 1명이 등기, 나머지 2명의 사업지분 인수)

지분매각 투자수익 20%

월세수입(보증금/월세) 1층 3,000만 원/150만 원

2, 3, 4층 1,500만 원/월세 500만 원

40대 후반, 은행에서 이른 은퇴를 앞두고 월세수입이 나오는 수익형 부동산을 찾아다니던 A가 친구 2명을 모아 셋이서 투자한 집이다.

3명이 비용을 대서 건물을 짓고 난 다음 A는 두 사람의 지분을 인수하면서 투자금의 20%를 각각의 친구에게 수익금 형식으로 건넸다. 친구 2명이 A가 수익형 부동산을 개발하는데 필요한 브릿지 역할을 해주고 그 대가를 받은 것이다.

개발비용 8억 5,000만 원을 투자한 상가주택은 월세 650만 원이 꼬박꼬박 들어온다. 1층 상가는 보증금 3,000만 원에 150만 원 월세를 낸다. 2~4층은 침실이 각각 4개씩 있는 3가구가 자리한다. 그런데 모든 가구는 2~4층을 사용한다. 수직으로 세워진 집 3채가 나란히 맞붙어 있다고 연상하면 되겠다.

서울 시내에서 상가주택을 개발하려면 10억 원대 이상의 큰 자금이 필요하다. 그나마 면목동은 서울 중에서도 지가가 낮은 지역이어서 투자를 고려해볼 만했다.

물론 골목길에 위치한 탓에 상가에 대한 리스크 우려가 없지 않았다. 그래서 A는 친구들에게 20% 수익을 챙겨주는 대신 상가를 책임지고 조건을 붙였다. 결국 둘 중 한 친구가 백방으로 수소문해 디저트 카페를 직접 입점시켰다.

셰어하우스 입주자들, 특히 여성 입주자는 자동차가 없는 게 특징이다. 면목동 셰어하우스도 마찬가지다. 주차된 차량이 없으면 1층 가게가 잘 노출되기 때문에 장사하기가 한결 수월해진다.

1층 카페와 셰어하우스는 궁합이 잘 맞는 상품이다. 저녁 9시 30분까지 불을 밝히는 카페 덕분에 셰어하우스 입주자들은 골목길 퇴근이 두렵지 않다. 이런 이유로 면목동 셰어하우스는 만실을 유지하고 있다.

원래 건물 모습

뾰족하게 솟은 3개의 징크 지붕이 셰어하우스의 존재를 알린다.

대로변에서 가깝고 버스정류장도 가까운 곳에 있다.

면목동 셰어하우스 전경. 3개 층으로 이뤄진 주택 3채가 나란히 붙어 있다.

1층에서 올려다본 모습

셰어하우스의 뒷모습. 최상층에는 넓은 옥상이 있어 입주민의 휴식공간으로 활용된다.

1층에 입점한 디저트 카페. 밤 9시 30분까지 불을 밝히고 셰어하우스로 귀가하는 식구들을 맞이한다.

셰어하우스 출입구 앞에 위치한 무인택배함

셰어하우스 복도 모습

05

흥덕신도시 1필지
3가구 미니분양사업
- 덩치 큰 토지의 활용성 높이는 공동투자

경기도 용인시 흥덕신도시

- 3명이 1억 원씩 3억 원 실투자
- 한 필지에 세 집 짓고
- 미니 분양으로 2억 원 수익

after

단독주택 3동을 지어 미니 분양

대지면적 462m²(140평)

매입가 7억 원

건축규모 단독주택 148m²(45평) 3동

공사비 5억 원(선분양대금으로 공사비 전액 충당)

대출금 6억 원

실투자금 3억 원(1인당 1억 원)

투자기간 1년

매매금액 15억 원

투자이익 2억 원(3명이 3등분)

홍덕신도시 단독주택용지를 구입한 후 주택 3동을 지어 미니 분양한 사례다. 결과적으로 총 2억 원의 개발이익을 남겼다. 한 사람당 1억 원씩 실투자해서 원금을 회수하고 각자 7,000만 원씩 수익을 얻었다.

신도시 내 단독주택용지에 집을 지어 살고 싶은 사람은 많은데 공급이 따라가지 못하는 상황이다. 또 토지를 분양받으려 해도 땅값이 비싸서 엄두를 내기 어려운 사람들도 많다. 토지비용을 낮추려고 해도 165m²(50평) 이하로 작게 분양하는 땅은 없다.

따라서 큰 필지 하나를 사서 땅을 가분할한 다음 여러 동의 주택을 지어서 싸게 분양한 것은 틈새시장을 공략한 부동산 개발이다.

$462m^2$(140평)을 3등분하여 가분할하고 1동씩 지어 팔았다. 각 동이 모두 개별등기가 되기 때문에 분양하는 데는 전혀 문제가 없다. 1동을 구입한 집주인이 오롯이 재산권 행사를 할 수 있다는 얘기다. 집을 구매하는 입장에서는 신도시 내에서 저렴한 가격으로 마당 있는 주택을 구할 수 있게 되어 좋다.

집 3채를 동시에 지으면 공사비용도 낮출 수 있다. 한꺼번에 구입하는 자재량이 늘어나면 단가를 흥정할 수 있고 무엇보다 인건비를 줄일 수 있다. 도배장판 공사의 예를 들어보자. 일꾼 세 명이 반나절 만에 한 집 공사를 끝내도 하루 일당을 주어야 한다. 그런데 세 집 공사를 하루 반나절 만에 끝낸다면 이틀 일당이면 해결된다.

만약 집이 안 팔릴 경우에는 직접 들어가 살아도 되겠다는 생각으로 뭉친 3명의 투자자는 집을 다 짓기도 전에 분양이 완료되어 그 집에 살아볼 기회는 얻지 못했다.

150평에 달하는 큰 필지를 3등분으로
가분할하여 3채를 지어 분양했다.

길게 뻗은 1층. 앞쪽에는 거실을, 뒤쪽에는 주방을 배치했다.

실내 2층의 모습. 2층에서 다락층까지
층고를 높여 개방감을 주었다.

다락층 내부 모습

다락층은 복도를 두어 동선을 길게 확보했다.
아이를 키우는 젊은 부부에게 인기를 끌었다.

06

서계동 재개발 기대지역
다세대주택 분양사업
– 실투자금 6억 원으로 순이익 6억 원 거둬

서울 용산구 서계동

– 3명이 2억 원씩 투자

– 다세대주택 3가구 개발

– 재개발 기대지역에서 큰 수익

after

단독주택을 4층짜리 다세대주택으로 신축

대지면적 158m²(48평)

매입가 5억 4,000만 원

건축규모 4층 다세대주택(1층 필로티 주차장)

공사비 4억 원

대출금 4억 원

실투자금 6억 원(2억 원씩 3명 공동투자)

매매가 20억 원

순이익 6억 원(1인당 2억 원씩 배당)

단독주택을 매입해서 다세대주택으로 신축하는 것은 흔히 볼 수 있다. 단독주택을 다세대주택으로 신축해서 통매각할 수도 있고, 한 세대씩 매각할 수도 있다. 일단 신축을 하면 세대가 늘어나 판매 수익이 생긴다. 만약 재개발이 예상되는 지역이라면 보유하고 있다가 재개발에 들어가면 아파트 입주권(재개발 딱지)을 받을 수 있다.

서울 서계동 지역은 서울역 역세권 재개발 지역에 포함될 가능성이 높아지면서, 2008년 한 차례 부동산 투자 열풍이 분 곳이다.

이곳에서 165m²(50평)짜리 땅을 매입해 다세대주택을 건축해서 20억 원에 매매해 100% 수익을 올린 공동투자자가 있다. 그 당시 지은 건물이 SS빌라다.

재개발에 들어가면 세대마다 하나의 아파트 입주권이 생긴다. 이때 165m²(50평)짜리 단독주택(다가구 포함)이든 20평짜리 단독주택이든 똑같이 하나의 입주권을 받는다.

이런 이유로 단독주택이 있는 165m²(50평) 필지보다 66m²(20평)짜리 하나를 사는 게 더 유리하다. 평당 땅값이 비싸도 결국 권리의 크기는 같기 때문이다.

예를 들어보자.

165m²(50평) x 1m² 363만 원(평당 1,200만 원) = 6억 원
16.5m²(5평) x 1m² 1,515만 원(평당 5,000만 원) = 2억 5,000만 원

평당 땅값이 4배가 비싸도 2억 5,000만 원 짜리를 매입하는 게 낫다. 이 경우 대출이 1억 5,000만 원 정도 가능하니 실투자금 1억 원을 투자해놓고 하나의 입주권을 받겠다는 전략으로 가는 게 유리한 투자다.

단독주택을 사서 입주권을 늘리기도 한다. 일명 지분 쪼개기라 불린다. 건물이나 땅·주택에 대해 하나의 소유권을 가지는 단독주택 또는 다가구주택을 여러 개로 구분등기가 가능한 다세대주택으로 신축하거나 지분을 나눔으로써 인위적으로 재개발 아파트 분양권을 늘리는 행위를 말한다.

지분 쪼개기는 투자를 넘어 투기로 불려진다. 많은 입주권을 받

을 욕심에 지분을 잘게 쪼개어 너무 적은 지분으로 등재되면 감정평가금액이 낮아져 추가 분담금이 많이 나올 수 있다. 이렇게 쪼개 놓은 지분을 비싼 비용을 치르고 샀다가는 낭패를 보기 십상이다. 결국 과도한 지분 쪼개기는 부메랑이 되어 개발의 발목을 잡을 수도 있다는 점을 기억하자.

주의할 점이 또 있다. 이런 투자는 재개발이 언제 될지 장담하기 어렵다. 서계동 역시 10여 년이 지난 지금도 재개발이 이뤄지지 않았다.

입지가 매우 좋다. 빌라에서 조금만 걸어 나오면 서울역 앞 큰 도로를 만난다.
길 건너에 공항철도 서울역 출구가 있다.

건물이 있는 골목으로 들어가는 길

입구가 좁고 형태가 고르지 못한 땅이지만 채광을 최대한 확보할 수 있도록 설계했다.

재개발 기대 지역이라 큰 수익을 기대하고 있다.

07

운정신도시 단독주택 임대사업
- 미분양 단독주택용지 활용해 임대수익 창출

파주 운정신도시 삼삼한집
- 3명이 1억 원씩 투자
- 1필지에 3채 짓고 월세 임대
- 연간수익률 12%

after

1필지에 3가구 지어 임대사업

대지면적 257m²(78평)

매입가 3억 원

건축규모 33평 단독주택 3동

　　　　　1층 거실, 주방, 2층 침실, 다락

공사비 5억 원

대출금 5억 원

실투자금 3억 원(1억 원씩 3명)

임대료 한 동에 보증금 3,000만 원 / 월세 120만 원

수익률 연 12%

　　파주 운정신도시에서 미분양 단독주택용지를 매입해서 단독주택을 짓고 월세 수입을 올리고 있는 사례다.

　　단독주택의 경우 직접 매입은 부담스럽지만 살아보고 싶다는 수요가 많다. 이런 수요를 공략하면 월세임대도 가능하다는 판단에서 생활 인프라가 잘 갖춰진 신도시에 단독주택 임대사업을 추진했다. 파주 운정신도시 옆에는 파주출판단지가 위치해 있어 임대수요가 적지 않다.

　　또한 단독주택을 임대해서 사무실로 쓰고자 하는 수요도 있다. 특히 홈쇼핑이나 전자상거래 회사는 회사 겸 주택으로 사용이 가능

한 2층 단독주택을 선호한다.

LH에서 분양하는 단독주택용지는 대체로 시세보다 저렴하다. 따라서 이 용지를 분양받을 수 있다면 토지 비용에서부터 경쟁력을 갖출 수 있다.

과거에는 신도시에서 분양하는 단독주택용지의 인기가 그리 높지 않았다. 토지공급 주체인 LH는 2009년 무렵 계약자가 원하면 계약금과 납입중도금, 이자까지 돌려주는 토지리턴제를 도입해 운영하기도 했다. 그만큼 토지가 잘 팔리지 않아 고민 끝에 내놓은 방책이었다. 인기가 없는 신도시는 2년간 무이자 조건으로 토지대금을 분할 납부하는 제도를 도입하기도 했다.

그러나 몇 해 전부터 사정이 달라졌다. 신도시마다 단독주택용지 평균 청약 경쟁률이 수백 수천 대 1을 기록하고 있다. 급기야 로또라고 불리며 과열 양상을 띠자 LH는 거주자 우선으로 청약 자격에 제한을 뒀다. 이제는 청약 자격 조건을 꼼꼼히 따져서 청약해야 한다. 자격조건이 안 되는데 신청해 당첨되면 신청은 무효가 되고 신청예약금은 돌려받지 못한다.

한때 파주 운정신도시는 미분양 단독주택용지들이 즐비했다. 이 사례는 당시 미분양된 필지 하나를 매입해 단독주택 3채를 지어 주택으로 2채, 사무실로 1채를 임대중이다. 월세가 120만 원씩 총 360만 원으로, 실투자금 대비 수익률은 연 12%가량 된다. 세입자가 살다가 매입을 원하면 매각할 수 있다.

1필지에 3채를 연달아 지은 운정 '삼삼한 집'의 3D모델

운정 단지 모습

신도시 내 아파트 단지와 이웃해 있다.
신도시에서 분양하는 미분양 단독주택용지를 매입해 월세를 받는 단독주택을 지었다.

건물이 있는 골목으로 들어가는 길

세 집의 출입구가 나란히 위치해 있다. 출입구 앞으로 작은 마당이 생성된다.

아파트 단지와 이웃한 단독주택의 뒷모습

08

흥덕신도시 상가주택 분양사업
- 상가 위에 땅콩집 3가구 지어 매각

용인시 흥덕신도시 상가주택
- 3명이 2억 원씩 투자
- 1필지에 상가 + 단독주택 3동 신축
- 1인당 1억 원 수익

after

상가 위에 3가구를 지어 분양

대지면적 264m^2(80평)

매입가 5억 원 토지

건축규모 1층 상가

　　　　단독주택 3동(2층 거실, 주방, 3층 침실, 다락)

공사비 5억 원

대출금 5억 원

실투자금 6억 원(2억 원씩 3명)

투자기간 1년

매매가 13억 원

순이익 3억 원(3명이 1억 원씩 배분)

　　용인 흥덕신도시 1종 일반주거지역에 근린생활시설 및 다가구주택의 형태로 개발한 사례다. 3명이 2억 원씩 투자해서 264m^2(80평)짜리 토지를 매입했다. 신도시 내에 위치하고 있으며 상가와 주택의 임대수입을 모두 노려볼 수 있는 입지다.

　　1층은 일반적인 상가를 들였지만 주택은 차별화했다. 2~3층에 배치되는 주택을 수평으로 계획하면 층마다 가구를 배치해야 한다.

　　그러나 이 주택은 수직으로 계획한 주택 3채를 나란히 붙여서 상가 위에 단독주택 3동이 올라가 있는 형태가 되었다.

모든 주택은 2층에서 진입해서 3층과 다락층까지 사용한다. 1호 세대 $157m^2$(47.73평), 2호 세대 $101m^2$(30.72평), 3호 세대 $104m^2$(31.63평)씩 차지하고 있다.

더욱 특이한 점은 상가 위 단독주택이 목조주택이라는 점이다. 목조주택은 공장에서 벽체를 제작해서 오기 때문에 골조공사에 드는 시간을 대폭 줄일 수 있다. 공장제작 4일, 현장시공 5일 반이 소요된 골조공사였다.

층간소음과 세대 간 소음을 잡고 내진구조와 내화구조에도 신경 쓰는 등 집의 품질에 공을 들였다.

내진설계는 MiTek2020 구조설계 프로그램을 도입, 진도 6.0 이하의 지진에도 견딜 수 있는 튼튼한 구조로 시공했다. 목조주택에 대한 인식이 높아지면서 높은 가격에 매각할 수 있었다.

1층은 상가이고, 2층부터 주택이다.
수직으로 설계한 단독주택 형태의 주택 3채가 나란히 붙어 있다.

측면 모습. 2층에 노출 복도가 이어지고 3개 동으로 들어가는 출입구가 늘어서 있다.

상가 출입구는 주택 출입구 반대편에 있다. 상가주택에서는 상가와 주택의 동선을 분리하는 게 중요하다.

1층과 2층을 좀더 자세히 들여다본 사진

주택 현관에서 바라본 실내. 계단실 뒤로 거실과 주방이 있다.

주택이 시작되는 2층에는 거실과 주방이 있다.

안방 모습

넓은 다락층을 덤으로 얻었다.

▲▼2층 현관과 건물로 들어가는 계단

목조주택에 대한 인식이 높아지면서 높은 가격에 매각할 수 있었다.

09

안성 토지판매·주택판매사업
- 집 지을 수 있는 7필지로 분할 조성해 매각

안성시 미니 주택단지
- 5명이 5,000만 원씩 투자
- 단독주택 토지로 개발
- 시행사 이윤 줄여 경쟁력 확보

after

토지를 분할해 신축한 주택

대지면적 2,214m²(470평)

매입가 4억 7,000만 원

개발내용 7필지로 분할

　　　　필지당 주택 1세대 신축 판매

대출금 2억 5,000만 원

실투자금 2억 5,000만 원 (5명이 5,000만 원씩 투자)

주택판매가 2억 8,000만 원

예상수익 1인당 약 3,000만 원

　　토지를 매입하고 주택을 신축해서 판매하는 사업도 공동투자 형태로 진행할 수 있다. 현행법으로는 연간 20세대 이상 주택을 공급하는 자는 주택사업자등록을 해야 한다. 20세대가 넘지 않으면 주택사업자 자격이 없어도 주택신축판매업자로 등록하면 분양할 수 있다. 소규모 빌라를 지어서 분양하는 경우 대다수 주택신축판매업자들이다.

　　주택신축판매업자로 등록하면 양도소득세를 내지 않고, 종합소득세를 낸다. 양도세보다 소득세가 더 적다.

　　장기간 보유하면서 임대수입을 목표로 한다면 임대사업자로 등록하는 게 유리하지만 매각을 통해 단기수입을 얻고자 한다면 주택

신축판매업자로 등록하는 게 유리하다.

또 판매를 목적으로 지은 주택이므로 보유주택 수에 포함되지 않아 다주택자 걱정도 덜 수 있다. 미분양이 발생해 일시적으로 임대를 하는 것도 가능하다.

이 사례는 경기도 안성시 중앙대 인근 필지를 5명이 공동구입해 주택을 신축해서 판매한 것이다. 5명이 각각 5,000만 원씩 투자해 토지 2,214m²(470평)을 매입했다. 이 토지를 7필지로 분할해 총 7채의 주택을 신축 중이다. 세대당 규모를 85m² 이하로 계획해 부가가치세 역시 내지 않아도 된다. 세대당 판매가격은 2억 8,000만 원으로 주변 시세보다 저렴하게 책정했다.

가격 경쟁력을 중요하게 생각한 이유는 빠른 매각을 위해서다. 이것이 가능한 것은 공동투자자 5명이 공동의 시행자 역할을 하고 있기 때문이다.

중앙대학교 근처 토지. 땅을 구입해서 대지로 변경했다. 땅을 나눠 필지로도 팔고, 집도 지어서 판다.

측면에서 본 주택 외관

공사중인 실내 모습. 거실과 주방이 마주보는 평면이다.

좀더 안으로 들어가 찍은 사진

서비스 면적인 다락공간을 잘 꾸미면 실제 사용할 수 있는 실내 면적이 크게 늘어난다.

토지를 매입, 직접 집을 지어 판매한 성공 사례이다.

국립중앙도서관 출판시도서목록(CIP)

아파트 살 돈으로 건물주 되기 : 3명이 3억으로 30억 빌딩
가질 수 있다 / 지은이: 구선영. -- 고양 : 위즈덤하우스미
디어그룹, 2018
   p. ;   cm

ISBN 979-11-6220-557-0 03320 : ₩18000

부동산 투자[不動産投資]

327.87-KDC6
332.6324-DDC23   CIP2018010622

3명이 3억으로 30억 빌딩 가질 수 있다

아파트 살 돈으로
건물주 되기

초판 1쇄 발행 2018년 4월 16일 초판 2쇄 발행 2018년 7월 31일

지은이 구선영
펴낸이 연준혁

출판2본부이사 이진영
출판6분사분사장 정낙정
책임편집 박지수
디자인 조은덕
사진 왕규태

펴낸곳 (주)위즈덤하우스 미디어그룹 출판등록 2000년 5월 23일 제13-1071호
주소 (410-380) 경기도 고양시 일산동구 정발산로 43-20 센트럴프라자 6층
전화 031)936-4000 팩스 031)903-3893 홈페이지 www.wisdomhouse.co.kr

값 18,000원 ISBN 979-11-6220-557-0 [03320]